U0520048

学生国学丛书新编

主编 王　宁
顾问 顾德希

老子

陈　柱 注
冯　玉 校订

商务印书馆
The Commercial Press
2018年·北京

学生国学丛书新编

主　编：王　宁
顾　问：顾德希
编辑组：（按姓氏笔画排列，加*为特约编辑）
　　　　刘　葵*　刘建梅　　刘德水*
　　　　李　节　杨志刚*　陈立今*
　　　　陈年年*　陈彦昭*　周玉秀*
　　　　周淑萍*　赵学清*　俞必睿
　　　　党怀兴*　徐从权　凌丽君*
　　　　郭　威　黄御虎　　盛志武*
　　　　董婧宸*　董媛媛　魏　荣*
　　　　魏晓明

总序之一

王　宁

王云五、朱经农主编的《学生国学丛书》,是一套为中学生和社会普及层面阅读古代典籍所做的文言文选本。它隶属在王云五做总主编的《万有文库》之下,1926年开始陆续由商务印书馆出版。20世纪20年代开始策划时,计划出60种,后来逐渐增补,到1948年据说已经出版了90种;因为没有总目,我们现在搜集到的仅有71种。由于今天弘扬中华优秀传统文化和提高文言文阅读能力的社会需要,我们决定对这套丛书进行适应于现代的加工编辑,将它介绍给今天的读者。

在推介这套丛书的时候,我们保存了原编的主要面貌:选书与选篇基本不变,将原书绪言保留下来,每篇选文原注所选的注点,也作为这次新编的重要参考。这样做是为了尽量借鉴前贤的一些构思和作法,并保留当时文言文阅读水平的基本面貌，作为今天的参考。

《学生国学丛书》是本着商务印书馆"昌明教育，开启民智"的一贯宗旨编选的，阅读群体应当主要是当时的中学生。20年代的中学生阅读文言文的水平显然比今天高一些，因为那时阅读文言文的社会环境与现在不同，虽然白话文已经通行，但书信、公文、教科书和报刊中，都还保留了不少文言文。国文课的师资，很多也是在国学上有一些根柢的文士。在知识界和语文教育界，文言文阅读还不是什么难事。今天，文言文阅读水平既关系到继承和弘扬中华优秀传统文化的效能，又关系到现代社会总体人文素质的提高，应当达到什么程度最为合适？民国时期是可以作为一个基准线的。

《学生国学丛书》体现了20世纪之初一些爱国的出版家和教育家把中华优秀传统文化传承给下一代的情怀、理想和实干精神。他们策划这套丛书的宗旨和编则，可资借鉴的地方很多，他们的实践经验、教育精神和国学学养值得我们学习的地方也很多。这一点，是我们了解了丛书的主编和40多位编选者的情况后感受到的。

丛书的主编王云五、朱经农，都是我国20世纪初爱国、革新的出版家。王云五主编《万有文库》，开创了我国图书出版平民化的新纪元，体现了新文化运动中普及文化教育的先进思想。《学生国学丛书》是《万有文库》

里专门为中学生编选的，目的是将弘扬民族文化精华的理念带入初等教育，这在当时不能不说是有远见的。两位主编不论在反对封建帝制的革命中，还是在民族危难的救国图强斗争中，都有可圈可点的事迹，值得钦佩。与两位主编合作的40多位编写者，多是辛亥革命的参与者和新文化运动的前沿人物。他们熟悉古代文典，对中国文化理解通透，领悟深刻，又有强烈的反封建意识；其中很多都在中小学教育领域里有过丰富的实践经验，教过国文，编过教材，研究过教法。这里有我们十分熟悉的教育家和文学家，如我国现代教育特别是语文教育的领军人物叶绍钧（他后来的名字是叶圣陶），新文化运动的先驱者、中国革命文艺的奠基人之一、著名作家茅盾（他当时的名字是沈德鸿，后来为大家熟悉的姓名是沈雁冰）。这两位，多篇作品都被收入中学语文课本，20世纪50年代以后的老师、同学是无人不知的。其他如著作丰厚、名震一时的藏书家胡怀琛，国学根柢深厚、考据功底极深、《中国人名大辞典》《中国古今地名大辞典》的主要编写人臧励龢，我国语文教育的改革家庄适等。

20世纪初的中国社会，多种文化思潮纷纭杂沓：改良主义者提出"师夷制夷""严祛新旧之名，浑融中外之迹"的折中主张；历史虚无主义者在"全盘西化"的徽帜下将西方的一切甚至文化垃圾照单全收；殖民主义文

总序之一

化论者叫嚣中国道德一律低级粗浅，鼓吹欧洲人生活方式总体文明高超；另一方面，封建复辟野心家的代言人则一味复古，用古代的文化糟粕来抵抗新文化的建构。这些，都对比出爱国的出版家、学问家、教育家既要固本又要创新的理想和实践精神的可贵；也让我们认识了新文化运动及革命文学的前沿人物坚守教育阵地的不懈努力，懂得了他们的编纂意图和深厚学养。保留丛书主要面貌，就是对他们成果的尊重和信任。

随着中华优秀传统文化的广泛传播，随着中小学语文教学改革的深入发展，在读书成为教师、家长和渴求文化的大众普遍要求之时，文言文阅读将会是其中一个重要的内容。有人说，文言只是一种古代的书面语，口语交际和现代文本已经不再使用，我们为什么还要学习文言文呢？在推介这套丛书的时候，我们有必要来回答这个问题。

文言是古代知识分子和正统教育使用的书面语言，具有超越时代、超越方言的特性，因而也同时具有了记载数千年中华民族灿烂文化的主要功能，它是与中华民族文明史共存的。许慎《说文解字叙》说汉字的作用是"前人所以垂后，后人所以识古"，这两句话即是对汉字记录的文言说的。我国历史悠久，文化遗产丰富，用文言记录的历史文献，用文言撰写的文学作品，多到不可计数，只有学习它，才能从古知今，以史为鉴。文言所记录的，不仅是古代社会的典章制度和政治经济，还有先贤哲人的人生经验和思想哲理，让我们看到中华民族一代又一代人的智慧。想想看，如果我们及早领会了古人"斧斤以时入山林"的采伐规则，便不会过度开发建材，造成那么多秃山荒岭，把气候搞得这样糟糕。当我们读过也理解了"今之孝者是谓能养。至于犬马，皆能有养。不敬，何以别乎"这段话，就会在对待长者时，把他们的尊严看得和他们的生计同等甚至更加重要！如果"防民之口甚于防川""水能载舟亦能覆舟"的体验真能引起各级掌权者的畏惧，阻塞言路的危害也许可以有所减轻。在道德重建的今天，中国传统道德中"己所不欲勿施于人"的利他主义，"爱民""富民""民为重"的民本思想，"以不贪为宝"的清廉品德，"志士不忘在沟壑，勇士不忘丧其元"的大义凛然态度，"吾日三省吾身"的自律精神，"君子怀刑"的守法意识，……这些，即使在今天的一般阅读中，也已经深入人心。可以想见，进入深度阅读后，我们一定会受到更多的启迪，在阅读中产生更多的惊喜。著名的国学大师、革命家和思想家章太炎，1905年7月15日在东京留学生欢迎会上演讲时说："近来有一种欧化主义的人，总说中国人比西洋人所差甚远，所以自甘暴弃，说中国必定灭亡，黄种必定剿灭。因为他不晓得中国的长处，见得别无可爱，就把爱国爱种的心日衰薄一日。若他晓得,我想就是全无心肝的人,那爱国爱种的心,必定风发泉涌,不可遏抑的。"阅读文言文,就是要使我们具有这种文化自信。是的,遗产是有精华也有糟粕的,古代的未必都适合今天;我们只有真正读懂文典,将历史面貌还原,再有了正确的价值观,才能辨析断识,而不是道听途说,更不会受人蛊惑。在这个意义上,文言文阅读作为吸收中华优秀传统文化的必要途径,绝不是可有可无的。

文言文阅读是产生汉语正确语感的一个重要源泉。汉语不是一潭死水,从古到今,不知吸收了多少其他民族的词汇和句法,也曾经夹杂着很多不雅甚至不洁的成分;但是,文言经过数千年的洗涤、锤炼,已经渐渐将切合者融入,不切合者抛弃。经过大浪淘沙、优胜劣汰而能流传至今的美文巨制,会更加显现汉语的特点。而现代汉语刚刚一个世纪,在根柢不深、修养不佳的人们的口语里、文辞中,常常会受外语特别是英语的影响,受不健康的市井俚语的侵染,产出一种杂糅的语言。我们想在运用现代汉语时真正体现出汉语的特点,比如词汇丰富、句短意深、注重韵律、构造灵活等,提高用健康、优美的汉语表达正确、深刻的思想的能力,文言会带给我们一些天然的汉语语感。热爱自己的本国语言,不断提高运用汉字汉语的能力,这是每一个人文化素养中最重要的表现；克服语言西化、杂糅的最好办法，是在学习规范、优美的现代汉语的同时，对文言也有深入的感受和体验。

文言文阅读还是从根本上理解现代汉语的重要条件。人们都认为现代汉语与文言差别很大，初读时甚至感到疏离隔膜、难以逾越。其实，汉语是一种词根语，词汇和语义的传衍非常直接，文言中百分之七十的词汇、词义，在现代汉语的构词法里都能找到。在书面语里，文言单音词的构词能量有时会比口语词更强。经过辗转引用积淀了深厚文化底蕴的典故、成语，成为使用汉语可以撷取的丰富宝库。如果我们对文言一无所知，是很难深入理解现代汉语的。有些人认为，在语文教学中现代文阅读和文言文阅读是两条线，其实，在词汇积累层面上，应该把它们并成一条线。学习文言与学习现代汉语，在积累词汇、理解意义、体验文化、形成语感方面是相辅相成的。

在推介《学生国学丛书》的时候，我们也有另外一重考虑。这套丛书毕竟经过了将近一个世纪，时代和社会都发生了根本的变化，我们有了更加明确的核心价值观和适应于现代的审美意识，语言、文字、文学、文献、教育都有了更新的研究成果，对丛书进行适度的改编，也是绝对必要的。所以，这次新编，我们主要做了五项

总序之一

工作:第一,为了今天在校学生和普通读者阅读的方便,改竖排为横排,标点符号也随之改为现代横排的规范样式。第二,变繁体字为简化字,在繁简转换的过程中,对在文言文语境中有可能产生意义混淆的用字,做了合理的处理。第三,采用今天所见较好的古籍版本对原书的选文进行了审校,订正了文句的错、讹、脱、衍。第四,对原书的注释进行了修改、加工、调整,使注释更加准确、易懂,对地名和名物词的解释,也补充了最新的资料。第五,撰写了新编导言,放在原书绪言的前面。原编者和新编者对同一部书和同一篇文的看法,或所见略同,或相辅相成,或角度各异,或存在分歧,都能促进阅读者的思考和讨论,引发延展性学习,带动更多篇目和整本书的阅读。

《学生国学丛书》本来是一套开放的丛书,我们还会根据教学和读者的需要,补充一些当时没有被选入的优秀古代典籍的选本,使新编的丛书不断丰富。

我国每年有将近两亿的青少年步入基础教育,一个孩子有不止一位家长,这是一个多么庞大的读书群体。将一个世纪以前的《学生国学丛书》通过新编激活,让它走进一个新的时代,更好地发挥它在语文教育和弘扬我国优秀传统文化中的作用,这是我们之所愿,也希望能使编写这套书的前辈们夙愿得偿。

总序之二

——植入健康的文化基因

顾德希

优秀的传统文化是中国人的精神家园。学生多读些国学典籍,将有助于把优秀传统文化的基因植入肌体。王宁老师的"总序",对本丛书的这一编辑意图已有深入全面的阐释,我打算就如何阅读这套丛书,或者说如何阅读文言文,做些补充性说明。

这套丛书的每一本,都专门写了新编导言。这是今日读者和原书连接的桥梁。人们常把桥梁喻为过河的"方法",所以也可以说,新编导言之所谓"导",就是力图为各类学生和更多读者提供一些阅读的方法。

这套丛书有好几十本,都是极有价值又有相当难度的国学经典,如不讲究阅读方法,编辑意图的实现会大打折扣。但这些经典差异性很大,《楚辞》和《庄子》的

总序之二

阅读肯定很不同,《国语》和《周姜词》的阅读方法差别就更大,即使同是词,读《苏辛词》与《周姜词》也不宜用完全相同的方法。因此本丛书新编导言所提供的阅读方法,针对性很强,因书而异。但异中有同,某些共性的方法甚至更为重要。不过,这些共性的方法渗透在每一篇导言中,未必能引起足够重视。下面,我想谈谈文言文阅读的四个具有共性的方法。

一、了解作者和相关背景,了解每本书的概貌,对每本书的阅读都很重要,这毋庸置疑。但一般读者了解这类相关知识,目的仅在于走近这本书。因而涉及作者、背景、概貌等,导言中一般不罗列专业性强的知识,而诉诸比较精要的常识性叙述。比如对《吕氏春秋》作者吕不韦,并没有全面介绍,也没有像过去那样从伦理道德上对这个历史人物加以贬抑,而只侧重叙述了他作为政治家的特点,因为明乎此便很有助于了解《吕氏春秋》。又如《世说新语》的成书背景有其特殊性,也需要了解,但限于篇幅,叙述的浓缩度很大。凡此种种必要的常识,新编导言里一般是点到为止,只要细心些,便不难从中获得多少不等的启发。兴趣浓厚者,查找相关知识也很容易。

二、借助注解疏通文本大意之后,就要反复诵读。某些陌生的词句,更要反复诵读。一句话即使反复诵读二十遍也用不了两三分钟,但这两三分钟却非常重要。

"诵读"是出声音的读,但并不是朗诵。大家所熟悉的现代文朗诵,不完全适用于文言诗文。朗诵往往是读给别人听,诵读却是读给自己听。古人所谓"吟咏",是适合于当时人自己感悟的一种诵读。今天的诵读,用普通话即可,节奏、抑扬、强弱、缓急,都无客观规定性,可随自己的感受适当处理。如果阅读文言文而忽略了诵读,效果至少打一个对折。不念出声音的默读,是只借助视觉器官去感知;出声音的诵读,是把视觉、听觉都动员起来的感知,其所"感"之强弱不言而喻。而且一旦读出声音,就让声带、口腔等诸多器官的运动参与进来了,凡诉诸运动器官的记忆,最容易长久。会骑车的人,多年不骑,一登上车还是会骑。因为骑车的感觉是一种运动记忆。文言语感的牢固形成与此类似。古人所谓"心到、眼到、口到"之说,实在是高效形成文言语感的极好方法。不管是成篇诵读,片段诵读,还是陌生词句的反复诵读,都是提升文言文阅读能力的好办法。本丛书的每一篇新编导言并未反复强调"诵读",但各种阅读建议无不与某些片段的反复读相关。既读,就要"诵",这是文言文阅读的根本方法。

三、应用。这是与文言翻译相对而言的。把文言文阅读的重点放在"翻译"上,副作用很多。一是不可避免信息的丢失。概念意义、情味意蕴，都会丢失。课堂教学中让学生把一篇文言文从头到尾"对号入座"地搞翻译，是文言教学中的无奈之举。一句一句，斤斤计较于文言句法词法和现代汉语的异同，结果学生的诵读时间没有了，刻意去记的往往是别别扭扭的"译文"，而精彩的原文反倒印象模糊，这不是买椟还珠吗！所以，在疏通大意、反复诵读的同时，一定要重视"应用"。应用，就是把某些文言词句直接"拿来"，用在自己的话语当中。比如，在复述大意时，在谈阅读感受理解时，不妨直接援引几句原话。如果能把原文中的某些语句就像说自己的话一样，自然而然地穿插到自己的述说中，那就是极好的应用。本丛书新编导言中援引原作并有所点评、有所串释、有所生发之处很多，但绝不搞对号入座的翻译，这不妨看作文言文阅读方法的一种示范。新编导言中有很多建议，要求结合作品谈个什么问题，探究个什么问题，都不同程度地含有这种"应用"的要求。

四、坚持自学。这套丛书，为学生自学文言文敞开了大门。学生文言文阅读的状况永远会参差不齐。同一个班的高中生，有的已把《资治通鉴》读过一遍，有的能写出相当顺畅的文言文，但也有的却把"过秦论"读成"过奏论"，这是常态。只靠面对几十个人的文言课堂讲授，几乎不可能使之迅速均衡起来。只有积极倡导自主性学习，才可能有效提高教学质量。本丛书的新编导言，高度重视对文言自学的引导。每篇新编导言都就怎样去读提出许多建议。这些建议有难有易，不是要求每一个人全都照着去做。能飞的飞，能跑的跑，快走不了的慢走也很好。新编导言在"导"的问题上，从不同层次上提出不同建议，相信各类学生都能找到适合自己的要求。只要选择适合自己或者自己感兴趣的要求，坚持不懈去"读"，去"用"，文言文的自学一定会出现令人惊喜的成果。从这个意义上说，本丛书的每一本，都是适合于各类读者自学国学经典的好读本。每一本中经过精心处理的注解，是自学的好帮手；而每一篇新编导言，又都可对自学起到切实的引导作用。只要方法对，策略恰当，那么这套丛书肯定能帮助我们有效提高文言文阅读水平。

目前，在深化高中语文课改的大背景下，很多学校高度重视突破过去那种一篇篇细讲课文的单一教学模式，开始重视"任务群"的学习，重视整本书的阅读，重视选修课的开设，重视校本课程的建设。在这样的大背景下，如果学校打算从本丛书中选用几本当作加强国学教育的校本教材，那么"新编导言"对使用这本书的教师来说，也可起到某种"桥梁"作用。

不管用一本什么书来组织学生学习，都必须对学生

总序之二

怎样读这本书有恰当引导。这是提高教学质量的一定不移之理。恰当的引导,要有助于各类学生更好地进入这本书的阅读,要有助于各类学生更好地开展自主性学习,要使之在文本阅读中进行有益的探究,并获得成功的喜悦。为了使新编导言的"导"能起到这样的作用,本丛书专门组织了多位一线优秀教师先期进入阅读,并把成功教学经验融入新编导言。因此,我们有理由相信,新编导言可以成为组织学生学习活动的有益借鉴。导言中结合具体作品对阅读所做的那些启发、引导,针对不同水平读者分层提出的那些建议,都将有助于教师结合自己学生的实际情况进一步拟出付诸实施的具体导学方案。

我相信,只要阅读文言文的方法恰当,只要各类读者从实际情况出发,循序渐进地学,优秀传统文化的基因就一定能更好地植入肌体。

目　录

新编导言 *1*

原书绪言 *9*

一章 *31*

二章 *33*

三章 *35*

四章 *36*

五章 *37*

六章 *38*

七章 *39*

八章 *40*

九章 *41*

十章 *42*

十一章 *44*

十二章 *45*

十三章 ……………………………………… *46*

十四章 ……………………………………… *47*

十五章 ……………………………………… *49*

十六章 ……………………………………… *51*

十七章 ……………………………………… *53*

十八章 ……………………………………… *54*

十九章 ……………………………………… *55*

二十章 ……………………………………… *56*

二十一章 …………………………………… *58*

二十二章 …………………………………… *59*

二十三章 …………………………………… *60*

二十四章 …………………………………… *61*

二十五章 …………………………………… *62*

二十六章 …………………………………… *64*

二十七章 …………………………………… *65*

二十八章 …………………………………… *66*

二十九章 …………………………………… *67*

三十章 ……………………………………… *68*

三十一章 …………………………………… *69*

三十二章 …………………………………… *70*

章	页
三十三章	71
三十四章	72
三十五章	73
三十六章	74
三十七章	75
三十八章	76
三十九章	78
四十章	80
四十一章	81
四十二章	83
四十三章	85
四十四章	86
四十五章	87
四十六章	88
四十七章	89
四十八章	90
四十九章	91
五十章	92
五十一章	94
五十二章	95

五十三章 ·· 97

五十四章 ·· 98

五十五章 ·· 99

五十六章 ·· 100

五十七章 ·· 101

五十八章 ·· 102

五十九章 ·· 103

六十章 ·· 104

六十一章 ·· 105

六十二章 ·· 106

六十三章 ·· 107

六十四章 ·· 108

六十五章 ·· 110

六十六章 ·· 111

六十七章 ·· 112

六十八章 ·· 113

六十九章 ·· 114

七十章 ·· 115

七十一章 ·· 116

七十二章 ·· 117

七十三章 ·· *118*

七十四章 ·· *119*

七十五章 ·· *120*

七十六章 ·· *121*

七十七章 ·· *122*

七十八章 ·· *123*

七十九章 ·· *124*

八十章 ··· *125*

八十一章 ·· *126*

新编导言

《老子》是我国传统文化经典，几千年来一直为人们所重视。它虽只五千余字，却富含哲理，充满智慧，让人常读常新。

《史记·老子列传》说，老子是春秋时期楚人，姓李，名耳，字聃，曾做过"周守藏室之史"——国家图书馆、档案馆的史官。老子与孔子同时代，或年长于孔子，孔子曾问礼于他。

《老子》又称《道德经》，共八十一章，前三十七章为上篇"道经"，后四十四章为下篇"德经"。

班固在《汉书·艺文志》中有段总论"道家"的话：

> 道家者流，盖出于史官，历记成败存亡祸福古今之道，然后知秉要执本，清虚以自守，卑弱以自持，此君人南面之术也。合于尧之克攘，《易》之嗛嗛，一谦而四益，此其所长也。及放者为之，则欲绝去礼学，兼弃仁义，曰

老子

独任清虚可以为治。

这段话完全适用于对"道家"代表作《老子》的评价。以之与《老子》一书相印证，我们不难看到：首先，《老子》有强烈的现实感。书中无论是有所批判，还是表述对"小国寡民"理想社会的期望，或是提出"无为而无不为"的策略，都是总结了历代"成败存亡祸福"的经验教训，希望给混乱的社会开出治疗的药方。其次，《老子》的基本内容，确乎是谈修身和治国。"秉要执本，清虚以自守，卑弱以自持"是修身之道，也是所谓"君人南面之术"。此外，还可知道《老子》一书遭到的非议。西汉初期以黄老之术治国，道家思想被高度推崇。而班固则批评道家"绝去礼学，兼弃仁义"，显然，在汉武帝"罢黜百家，独尊儒术"之后，《老子》便一直遭到这样的非议。

下面，谈几点阅读《老子》的建议。

一、积累语言

1.积累成语。

《老子》中历久弥新的成语比比皆是，如哀兵必胜、宠辱若惊、大器晚成、功遂身退、和光同尘、涣然冰释、知雄守雌、知止不殆、天网恢恢、慎终如始，等等。建议浏览全书，摘录成语，自行分类整理。

2.积累名言。

《老子》中发人深省的名言警句俯拾皆是，也可加以摘录整理。如顺便做些笔记，效果会更好。下面试把名言警句分为六类，每类各举一例，可自行加以补充。

（1）品格修养。如："我有三宝，持而保之：一曰慈；二曰俭；三曰不敢为天下先。"（六十七章）

（2）求学问道。如："善人者，不善人之师；不善人者，善人之资。"（二十七章）

（3）人生经验。如："知人者智，自知者明；胜人者有力，自胜者强。"（三十三章）

（4）辩证思维。如："祸兮福之所倚，福兮祸之所伏。"（五十八章）

（5）治理国家。如："治大国若烹小鲜。"（六十章）

（6）军事战争。如："兵者不祥之器，非君子之器。"（三十一章）

二、章节精读

《老子》属于说理性文字，陌生概念多，阅读难度大。不妨先选若干章节精读，有所感悟，再行拓展。精读时宜注意以下问题。

1.分清主次。

某些章节宜注意分清主次，抓住核心。如七十六章：

> 人之生也柔弱，其死也坚强；万物草木之生也柔脆，其死也枯槁。故坚强者，死之徒；柔弱者，生之徒。是以

兵强则不胜，木强则兵。强大处下，柔弱处上。

此章内容的核心是"故"和"是以"后面的部分，而"人之生"四句是引出上述观点的"连类譬喻"，属于"枝叶"。阅读时分清主干和枝叶，则事半功倍。《老子》如此行文的章节很多，如五、六、八、十、十一、二十八、六十一、六十四、六十六、七十七、七十八等章。我们可试用此种方法去读。

2.合并提炼。

《老子》行文惯用铺排，阅读时宜注意合并提炼。如十二章：

> 五色令人目盲；五音令人耳聋；五味令人口爽；驰骋畋猎，令人心发狂；难得之货，令人行妨。是以圣人为腹不为目，故去彼取此。

五句排比要表达什么呢？要合并提炼一下："五色""五音""五味""驰骋畋猎""难得之货"，均指超越生存基本需求的奢欲；"目盲""耳聋""口爽""心发狂""行妨"，均指人受到的伤害。所以合起来，意思就是说"奢欲伤人"。《老子》中如此行文的章节也很多，如三、十五、二十、二十一、二十五、二十八、三十六、三十九、四十一、四十五、五十五、五十六、七十五等章。我们可试用此种方法去读。

3.思考追问。

"学而不思则罔。"阅读时还要就自己感兴趣、有疑惑之处勤于思考,多追问几个问题,进而形成自己的见解。如八十章:

> 小国寡民,使有什伯之器而不用;使民重死而不远徙。虽有舟舆,无所乘之;虽有甲兵,无所陈之;使人复结绳而用之。甘其食,美其服,安其居,乐其俗。邻国相望,鸡犬之声相闻,民至老死不相往来。

"小国寡民"是怎样的社会?这可作为第一层追问。据此再读这段文字,可大致看出:从物质层面说,生活在这个社会里的人们"朴素"到极点;从精神层面说,他们对"食""服""居""俗"感到满意,内心富足。

"小国寡民"是进步的还是倒退的?这可作为第二层追问。可能多数人不难感到:"小国寡民"肯定是一种社会倒退。在一个物质匮乏的社会里,有何进步可谈?

随之我们还可以有第三层追问:评判一个社会进步与否的标准又是什么?评判一种社会的进步与否,百姓"幸福指数"是重要指标。面对"民多利器,国家滋昏"的社会现状,《老子》将"幸福指数"或说"满足感"作为理想社会的第一指标,无疑有进步意义。陈鼓应先生说:"老子是个朴素的自然主义者。他所关心的是如何消解人类社会的纷争,如何使人们生活幸福安宁。"

接下来我们还可以有第四层追问:难道"小国寡民"的理想就没有问题么?"小国寡民"社会中的人尽管"幸福指数"不低,但那却不是现代人追求的理想。

还可以继续追问下去,比如《老子》书中关于"奇物""难得之货""利器"的观点应当怎么看,以现代社会发展的眼光又应怎么看,等等。这样,我们的精读,就会有更多收获。孟子说:"尽信书,则不如无书。"读书最终还是要跳出来,形成自己的见解。

再如读七十八章:

> 天下莫柔弱于水,而攻坚强者莫之能胜,以其无以易之。弱之胜强,柔之胜刚,天下莫不知,莫能行。

这个"柔弱"胜"刚强"之说,就可引发一系列追问。《老子》主张"贵柔",也可引发深入讨论。

三、恰当归类

《老子》八十一章的排序没什么规律,同一主题的章节散见于书中。如想把握《老子》思想的精深之处,须将书中论及的关键"主题"穿珠成串——进行分类归纳。比如关于"道"这一主题,就可从不同方面加以归纳。下面试分四类加以归纳。

（1）"道"是宇宙万物的本源。如："道生一,一生二,二生三,三生万物。"（四十二章）

（2）"道"的特性。如："有物混成,先天地生。寂兮寥兮,独立不改,周行而不殆。"（二十五章）

（3）"道"是万物所应依循的法则。如："人法地,地法天,天法道,道法自然。"（二十五章）

（4）得"道"之人的行事原则。如："致虚极,守静笃,万物并作,吾以观复。"（十六章）

倘若我们把"无为""贵柔""辩证""治国""论兵"等主题也如此进行归纳,或者把《老子》取譬设喻的某些意象,比如"水""谷（谷神）""朴""母（雌、玄牝）""婴儿"选出来,把相关的论证分别加以归纳,那么对《老子》的阅读便会进一步深入。

四、比较阅读

《老子》言简意赅,如果在阅读时与其他作品进行参照比较,也可获得更深的认识。

比如与《庄子》参照。《庄子》与《老子》一脉相承,其中的一些寓言故事,对理解《老子》很有帮助：

> 轮扁曰："臣也以臣之事观之。斫轮,徐则甘而不固,疾则苦而不入。不徐不疾,得之于手而应于心。口不能言,

有数存焉于其间。臣不能以喻臣之子，臣之子亦不能受之于臣，是以行年七十而老斫轮。古之人与其不可传也死矣，然则君之所读者，古人之糟魄已夫！"(《庄子·天道》)

轮扁制作车轮的高超技艺"口不能言"，只能"得之于手而应于心"。意即"道"是难以言说的，能通过语言传达出来的"道"，都是不全面的。这则"轮扁斫轮"寓言，形象地解释了"道可道，非常道"两句的内蕴。

再如《庄子》中"道在屎溺"一节(《知北游》)可视为"大道泛兮"的形象解说，《盗跖》篇可视为"绝圣弃智"的"小说化"演绎，《齐物论》一篇与《老子》的"辩证"相通，只是庄子走得更远。

此外，一些熟知的名篇也有助于我们理解《老子》。比如读陶渊明《桃花源记》有助于理解"小国寡民"，读柳宗元《种树郭橐驼传》有助于理解"无为而治"，读苏轼《赤壁赋》有助于理解"辩证"，等等。

当然，还可与儒家经典比较阅读。道家思想与儒家思想在很多观念上是相左的，比如对仁义的看法，对理想社会的期待，甚至对学习的看法，等等。如果我们将《老子》与《论语》进行一番比较阅读，相信也是大有裨益的。

原书绪言

一　辨明老子六疑问

自来传述老子者甚众，以司马迁《史记·老子列传》为最古，而较为可信。其传曰：

> 老子者，楚苦县厉乡曲仁里人也，姓李氏，名耳，字伯阳，谥曰聃，周守藏室之史也。孔子适周，将问礼于老子。老子曰："子所言者，其人与骨皆已朽矣，独其言在耳。且君子得其时则驾，不得其时则蓬累而行。吾闻之，良贾深藏若虚，君子盛德，容貌若愚。去子之骄气与多欲，态色与淫志！是皆无益于子之身。吾所以告子，若是而已。"孔子去，谓弟子曰："鸟，吾知其能飞；鱼，吾知其能游；兽，吾知其能走。走者可以为罔，游者可以为纶，飞者可以为矰。至于龙，吾不能知其乘风云而上天。吾今

日见老子，其犹龙邪！"老子修道德，其学以自隐无名为务。居周久之，见周之衰，乃遂去。至关，关令尹喜曰："子将隐矣，强为我著书！"于是老子乃著书上下篇，言道德之意五千余言而去，莫知其所终。或曰：老莱子亦楚人也，著书十五篇，言道家之用，与孔子同时云。盖老子百有六十余岁，或言二百余岁，以其修道而养寿也。自孔子死之后百二十九年，而史记周太史儋见秦献公曰："始秦与周合而离，离五百岁而复合，合七十岁而霸王者出焉。"或曰儋即老子，或曰非也，世莫知其然否。老子，隐君子也。老子之子名宗，宗为魏将，封于段干。宗子注，注子宫，宫玄孙假，假仕于汉孝文帝。而假之子解为胶西王卬太傅，因家于齐焉。世之学老子者则绌儒学，儒学亦绌老子。"道不同，不相为谋"，岂谓是邪？李耳无为自化，清静自正。

司马迁此传，序事既简，又多疑盖之词。于是后之学者，遂发生以下诸疑问：

（一）老聃与太史儋是否一人？

（二）老子与老莱子是否一人？

（三）老子与孔子问礼之老子是否一人？

（四）老聃与老彭是否一人？

（五）老子之年寿如何？

（六）何以称为老子？

原书绪言

第一疑问,据清儒毕沅之说,则以老聃、太史儋本为一人。其言曰:

> 沅案:古"聃""儋"字通。《说文解字》有"聃"字,云"耳曼也";又有"瞻"字,云"垂耳也"。南方瞻耳之国,《大荒北经》《吕览》"瞻耳"字并作"儋"。……《说文解字》又有"耽"字,云"耳大垂也"。盖三字声义相同,故并借用之。

郑康成云:老聃,古寿者之号。斯为通论矣。而与毕沅同时之汪中,则以名"聃"之老子,与名"儋"之老子为二人,与毕沅说异;而以著道德之意五千余言者为儋,亦与毕沅说同。汪说甚博辩,详见下文第三疑问所引。

第二疑问,据毕沅说,则老子与老莱子是二人。其言云:

> 老子与老莱子是二人。老子苦县人,老莱子楚人。

《史记》老莱子著书十五篇,《艺文志》作十六篇,亦为道家言,且与老子同时,故或与老子混而莫辨。沅又案:

> 古有莱氏,故《左传》有莱驹,老莱子应是莱子而称老,如列御寇师老商氏,以商氏而称老,义同。

当时人能久生不死,皆以老推之矣,亦无异说焉。而汪中则以老莱子与老聃及太史儋各为一人,其言云:

> 至孔子称老莱子,今见于《太傅礼·卫将军文子》篇,《史记·仲尼弟子列传》亦载其说。而所云"贫而乐"者,与隐君子之文正合。老莱子之为楚人,又见《汉书·艺文志》,盖即苦县厉乡曲仁里也;而老聃之为楚人,则又因老莱子而误。故本传老子语孔子:"去子之骄色与多欲,态心与淫志。"而《庄子·外物》篇则曰老莱子谓孔子:"去汝躬矜与汝容知。"《国策》载老莱子教孔子语,《孔丛子·抗志》篇以为老莱子语子思,而《说苑·敬慎》篇则以为常枞教老子。然则老莱子之称老子也旧矣,实则三人不相蒙也。

第三疑问,则汪中说,以孔子问礼之老子与著书言道德之老子为二人。其言云:

> 《史记·孔子世家》云:"南宫敬叔与孔子俱适周,问礼,盖见老子云。"《老庄申韩列传》云:"孔子适周,将问礼于老子。"按:老子言行,今见于《曾子问》者凡四,是孔子之所从学者,可信也。夫助葬而遇日食,然且以见星为嫌,止柩以听变,其谨于礼也如是。至其书则曰:"礼者忠信之薄,而乱之首也。"下殇之葬,称引周、

召、史佚，其尊信前哲也如是。而其书则曰："圣人不死，大盗不止。"彼此乖违甚矣！故郑注谓"古寿考者"之称，黄东发《日钞》亦疑之，而皆无以辅其说。其疑一也。本传云："老子，楚苦县厉乡曲仁里人也。"又云："周守藏室之史也。"按：周室既东，辛有入晋，司马适秦，史角在鲁。王官之族，或流播于四方，列国之产，惟晋悼尝仕于周，其他固无闻焉。况楚之于周，声教中阻，又非鲁、郑之比。且古之典籍旧闻，惟在瞽史，其人并世官宿业，羁旅无所置其身。其疑二也。本传又云："老子，隐君子也。"身为王官，不可谓隐，其疑三也。

第四疑问，则郑康成以《论语》老、彭为二人，老即老聃，彭即彭祖。包咸、皇侃则以老、彭为一人：包以老彭为殷大夫；侃以老彭为彭祖，年八百岁。至今人马叙伦，又以彭祖、老彭非一人；而殷之老彭与老子又非一人；而《论语》之老彭，即为老子。其言云：

　　孔子之言曰："述而不作，信而好古，窃比于我老彭。"商之老彭，其事见于《大戴礼》者，不相吻合。而老子五千文中"谷神不死"四语，伪《列子》引为黄帝书。黄帝虽无书，而古来传有此说，后人仰录为书，则许有之，故《吕氏春秋》、贾谊《新书》皆有引也。又"将欲取之，必姑与之"，此《周书》之辞也；"强梁者不得其死"，此周庙《金人铭》之辞也；"天道无亲，常与善人"，郎颢上便宜七事，引以为《易》之辞：则老子盖张前人之义而说之，不自创作也。又《汉书·艺文志》道家老子前有伊尹、太公、辛甲、鬻子四家，则道德之旨，不始老子，而有所承。又《礼·曾子问》记四事，则并"述而不作，信而好古"之证也。此皆事据灼然。若"彭"之与"聃"，证之音读，自可通假。《说文》"彭"从壴彡声，则声归侵类。然证之甲文作彭，或作𢒥，则段玉裁删其声字是也。"壴"边之"彡"，所以表鼓声之彭彭，于声类宜归阳部。《说文》"𣂗""枋"为一字，《春秋》成十八年，《左传》"士鲂"，《公羊传》作"士彭"，并可证也。"聃"声谈类，谈阳之通，若《国策》更嬴"虚发而鸟下"，伪《列子·汤问》篇"更"作"甘"，而《说文》"諴"重文作"誌"，《诗·桑柔》"瞻""相""臧""肠""狂"协音，并其证矣。然使"彭"如旧说，从壴彡声，则侵谈相通，古亦有征：《少牢礼》"有司彻乃燅"，① 古文"燅"作"寻"；《仪礼·士冠礼》"执以待于西坫"②，古文"坫"为"禫"；《周礼》钟氏以朱"湛"丹秫，注读如"渐车帷裳"之"渐"，亦并其

---

① 应为：《仪礼·有司彻》"乃燅"。——校订者注
② "坫"后应有"南"字。——校订者注

例矣。然则老子之字"聃",而《论语》作"彭"者,弟子以其方言记之耳。若此事据,古籍多有,《春秋》哀十年,《左传》"薛伯夷卒",《公羊传》"夷"作"寅",其一例也。又《论语》加"我"字于老彭之上,前儒以为亲之之词是也,盖老子宋人而子姓,孔子之同姓,故然。

至第五、第六两疑问,则后之诞妄者,多以老子为长生不死,转相附会,说至可笑!兹节录陈景元《道德真经藏室纂微·开题》之说,以见一斑焉。

老子姓李,名耳,字聃,或字伯阳。按道家经籍所说,则挺生空洞之先,变化自然之妙,而常居天上,代为帝师,此则六合之外事,故略而不论也。非其径庭之语者,举其大概,云:老子母感大星而有娠,应见于李氏,降生于商室。于商十八王阳甲之十七年,岁在庚申,寄胎托娠;经八十一年,极太阳九九之数,其母常逍遥李树之下,而生老子。老子生而皓首,故能言,因指李曰:"此吾姓也。"又云:父姓李,名无果;母尹氏,名益寿。当商二十二王武丁之九年,岁在庚辰,二月十五日卯时生也。或云:老子身长八尺八寸,黄色,美眉,广颡,聃耳,大目,疏齿,方口,厚唇,额有三五达理,日角月渊,鼻有双骨,耳有三漏,足蹈二午,手握十文,盖禀气至清,而受形特异,

老子

生于楚国苦县濑乡曲仁里涡水之阴。至纣二十一年丁卯岁,居岐山之阳。西伯闻之,诏为守藏史。武王克商,转为柱下史。历成、康之世,潜默卑秩。居周久之,见周衰而退官。至昭王二十五年癸丑岁五月二十九日壬午,乃乘青牛薄辇车,徐甲为御,遂去周。关令尹喜,周大夫也,姓尹名喜,字阳公,著书九篇,说道德之事,善内学……每望霄汉,有升虚之思。老子未至关时,喜登楼四望,见东方有紫云西迈,知有真人当过京邑,乃戒严门吏,扫路焚香,以俟应兆。至七月十二日甲子,老子到关,喜擎跽曲拳,邀迎就舍,巾栉盥漱,斋戒问道。至于十二月二十五日退官托疾,二十八日授道德二篇。喜叩头请随老子西徂流沙。老子曰:"汝未得道,恶能随吾远适!夫流沙异域,犷俗难化,而何术可御邪?唯生道入腹,神明皆存,而能除垢止念,静心守一,千日清斋,炼形入妙,而后可寻吾于蜀郡青羊之肆。其若之何?"喜唯唯而谢。老子忽然腾空,冉冉升乎太微。喜候光景斯散,影响萧寂,楼居清斋,屏绝童隶,诵经三年,精思千日,心凝形释,骨肉都融。已而穷数达变之微,因形移易之妙,无不尽之矣。于是去家,超然高蹈,既往青羊之肆,乃会老子。老子命喜为文始先生,俱游乎流沙之域。或曰:昭王时出关,化导西胡;至幽王时却还中夏,故孔子适周,严事老子而问礼焉……

其怪诞有如此者。其实此五六事，细读《史记》，已甚明白，后人自妄为臆测之耳。兹就《史记》老子本传为之论明如下：

（一）老聃与太史儋非一人　按：本传云："盖老子百有六十余岁，或言二百余岁，以其修道而养寿也。自孔子死之后百二十九年，而史记周太史儋见秦献公曰云云。或曰儋即老子，或曰非也，世莫知其然否。"世疑老聃与太史儋为一人者，盖本于此。然本传下文历叙老子之子名宗，宗子注，注子宫，宫玄孙假，假子为胶西王卬太傅，其世系如此之明，则聃之果为儋，老子之裔孙，岂不知之？太史公岂不能访而知之？而所以为是说者，盖汉初好黄老，武帝虽崇儒术，而好神仙，以儋为聃，必当时朝廷上下俱有是说，欲以证明老子之长生不死者。司马迁心知其非，而难于质言，故曰："或曰儋即老子，或曰非也，世莫知其然否。"其不然之意，显然言外矣。且据《史记》所述，则儋乃预言家也；而老子云："前识者道之华，而愚之始。"疾前识如是，其不为一人审矣。

（二）老子与老莱子是二人　按：本传言此，尤为明白，其述老子云："老子乃著书上下篇，言道德之意五千余言而去。"述老莱子云："或曰老莱子，亦楚人也，著书十五篇，言道家之用，与孔子同时云。"言亦楚人，则以为二人明甚。太史公传老子，旁及老莱子，犹《孟荀列传》旁及慎到、剧子、墨子之徒耳。

（三）孔子问礼之老子与著书言道德之老子为一人　按：此《史记》本传所明言。而或以《史记》为误，以问礼之老子熟知礼制，而著书之老子则非礼也，不知二者原不冲突。老子为周守藏史，故熟知礼制，而孔子问礼焉，又深知世界质文之变，其利害常相倚伏，故痛斥礼文。《礼记》所载答孔子问礼之言，言已往之制度也；其著书之说，与答孔子去骄气与多欲、态色与淫志之言，则戒将来之弊也。至为周守藏史，是前事，而又言为隐君子，则是后事，其中固明言见周之衰乃遂去也。

（四）老聃与老彭　按：此条《史记》无说，《论语》所称之老彭，既甚简约，止可付之阙疑。若止据一二声音之相似，妄为断定，大可不必。

（五）老子虽老寿并非不死　按：《史记》云："盖老子百有六十余岁，或言二百余岁。"是明老子虽寿，其年仍有限，非长生不死也。二百余岁，理固当无；百四五十岁，固非绝对不可者。

（六）老子姓李，老李双声，故李子称为老子　按：此《史记》言老子姓李，不言其何故称老；生于李树下之说，《史记》无有，知为后人谬说无疑。"李""老"双声，犹"离""娄"双声也。老聃即李聃之转，古亦有称李聃者，见六臣本《文选·景福殿赋》善注。至《史记》本文"姓李氏，名耳，字伯阳，谥曰聃"之言，亦当据王念孙说订正，为"名耳，字聃，姓李氏"，今本盖唐以后之人妄为增改者也。

二 辨老、孔不同时之说

老子为与孔子同时人，自来鲜有疑者，至清儒汪中、崔东璧始疑之。今人梁启超更取崔东璧、汪中之言而综合之，定老子为战国时代之人，其书为战国时代之书。兹将梁氏在北京大学演讲提出各种证据如下：

（一）从《史记·老庄申韩列传》（以下简称《老子列传》或《列传》）中间细看，现在考老子履历，除了《老子列传》，没比他更可靠的了。似是：（甲）《列传》中说老子的地方，有老聃、老莱子、太史儋三个人：究竟是几个人，司马迁用几个"或"字，令人莫明其妙。崔东璧说老子不是老聃，汪容甫说老子是太史儋，只是世人多惑俗说，不肯听他们。至于《列传》叙到年寿，也用"或"字，究竟是多大高寿？抑是人非人？简直与神话化没有差别。（乙）《列传》前面是神话，后面才说到几句人话，说道："老子之子名宗，宗为魏将……"查魏为诸侯，在孔子卒后六十七年，老子既与孔子同时，何以他的儿子能做魏将？（丙）《列传》又说："宗子注，注子宫，宫玄孙假仕于孝文帝，而假之子解为胶西王卬太傅。"是解为老子八代孙，再查《孔子世家》孔子十三代孙孔安国为汉景帝时人，当与解同时，一个八代，一个十三代，何以不相符若此？老子必是孔子以后若干年才合。（丁）《列传》中的神话，仔细研究，大半是从《庄子》的《天道》《天运》《外物》三篇搬来，有的是说老聃，有的是说老子，主名还未确定，何能拿来做根据！庄子自己说，寓言十九，更不能拿来做历史看了。

（二）从孔子、墨子、孟子三人的书中细看：（甲）《史记》载孔子称赞老聃，说老子"其犹龙邪"！详查《论语》一书，知道孔子喜欢称述古之贤人，及当时卿大夫如蘧伯玉、子产诸人。藉令孔子尝称美老聃，何以《论语》反不载其一言呢？（乙）墨子、孟子二人，都是喜攻击反对派的，又是好说话的。若老子与孔子同时，何以他们二人的著作，都不曾说及老子？

（三）拿《曾子问》老聃的话，与《老子》本书比较，《曾子问》里面的老聃，是否即是著《老子》书的老子，已经前人批评过；若说是一个人，那老聃所说的话，都是拘谨守礼一派，与《老子》本书的宗旨，大不相同。

（四）从《老子》本书的思想上细看本书中所说"六亲不和有孝慈，……"及"民多利器，国家滋昏，……"那样激烈的话，不合春秋时代的思潮。

（五）从《老子》本书的文字上细看，本书有许多处文字，断非孔子同时的人所说的话：（甲）前人已考出书中"偏将军居左，上将军居右"两句，所谓"偏将军""上将军"，是春秋以后制度。（乙）书中数处说"取天下"，查春秋时霸主争长，不过都是像在太平洋会议席上，想坐首席，并无取天下的意思，何以孔子同时的人，就会有此等言语？（丙）书中如"大军之后，必有凶年"，又"师之所至，荆棘生焉"，查左氏所述大战，不过文字写得轰轰烈烈，其实战线都不过三十里（梁氏所著《历史研究法》作一百里），战期都不过一日。例如鞌之战，左氏说"三周华不注"，华不注不过泰山旁一个小山，十五分钟就可绕一周，齐晋打仗，只绕华不注三周，其战事之小就可想见，那能就会"必有凶年""荆棘生焉"！（丁）书中数言"仁义"，查"仁义"二字，为孟老先生的"专卖品"，何以孔子同时的人，就会联用起来？（戊）书中数言"王侯""王公"，查某诸侯称王，是在春秋后数十年，何以孔子同时的人，就会"王侯""王公"联用起来？

以上梁氏之言，录自张煦所撰《梁任公提诉老子时代问题一案判决书》。张氏所驳，甚有见解。兹更采其说，参以鄙见，分别辩之如下：

关于（一） （甲）老聃与老莱子是二人，《史记》本传言之甚明。老聃与太史儋是二人，《史记》本传虽多疑或之辞，然其以为非二人之意则颇明白，详见上文，兹不再赘。其叙年寿亦用或字，则疑以传疑之意，言或而不决，则其不为确信可知，何得谓之神话化！且即令有神话化，则不信其神话化者可也，又乌能因此而定其决不与孔子同时！《史记》《汉书》载高祖事，均有斩白蛇等神话化，亦可以因此尽不信《史》《汉·高帝本纪》，而谓高帝不与项羽同时乎？（乙）《列传》止引太史儋一段似神话化，而前面首述老子国县乡里、姓氏名字及官职，次述与孔子问答，次述去周，次及尹喜请著书，皆人事之确然者，何得谓本传前面是神话，后面才说几句人话乎！至于为魏将一节，魏为诸侯，虽在孔子卒后六十七年（柱按：当是七十六年，疑原误排），然焉知老子之卒不后于孔子？若老子之子名宗者，生于孔子卒之年，至魏为诸侯，距孔子之卒七十六年，则宗之年不过七十六岁，岂遂不能为魏将乎？岂宗之年决不能寿至七八十以上乎？张煦云：魏为诸侯，虽在孔子卒后七十年，而晋灭魏以封毕万，早在鲁闵公二年，即孔子卒在一百八十二年，毕万之魏，为晋六卿之一，后又为晋四卿之一，后又灭智伯而为三晋之一，其为三晋之一，仅在孔子卒后二十六年，俨然诸侯，为日已久。古者大夫有家臣，何得谓魏未受命为诸侯之前，不能有将！就说魏必在受命之后，其将始能称魏将，史书本多举后制以名前例，如《左传》生而称谥；又如《史记·黄帝本纪》中有诸侯，在周始有五等之制，黄帝而有诸侯亦属此例。即如《老子列传》说"老子者，楚苦县厉乡曲仁里人也"，考苦县本陈国地，楚灭陈在孔子生后七十四年，老子本长于孔子，则实陈人而谓之楚人，皆属此例。据此则老子之子，纵在孔子卒后若干年仕魏，这魏将二字，亦加得上。（丙）梁氏不信《史记》本传，然安知本传记老子之子孙世代，不有遗漏？何以在彼则决其不可信，在此则决其可信，以为立说之根据乎？吾以谓老子，其大者也，老子之子孙，其小者也。司马迁作本传，大者当不易误，小者或当失考耳。至与孔子之后孔安国相较，一为八代，一为十三代，张煦云：此等地方，不当仅问历世若干，实当并考历年多少，自孔子生年起算，至汉景末年，共四百一十年（煦照《皇极经世》等书推算），老子活几百岁的话，虽不可尽信，总可断定他是享寿百岁左右，或竟在百岁以上，就不能说他的子孙不享高寿。又孔子之父年已六十四，始娶孔子生母（见《史记正义》引王肃《家语》），此语纵不足信，也不能说古人五十、六十岁不能生子。据此则以寿百岁左右的老子之子孙，历世九代，就不能说他不能历时四百年。古者上寿一百二十岁，中寿百岁，下寿八十岁；庄子谓上寿百岁，中寿八十，下寿六十；《淮南子》亦以七十仅为中寿。孔子年七十三，其子孙十三代中，只子历年及庄子所谓下寿，余或五十余岁，或四十余岁。孔子二十岁生伯鱼（照《索隐》引《家语》及《孔子世家》本文相考），其后十三代皆不永年，定皆早世得子，则这样的传代，何能作为标准比例！复查《经典释文·叙录》载左丘明作《春秋传》（左丘明实亦孔子同时人），以授曾申，申传吴起，七传即至汉文帝时贾谊，以证老子八传至解，有何疑问！必欲以孔子十三传相比，就是想把万牲园站门的长人，和小说上的王矮虎揿作一般长了，世上那有此理！退一步说，九代人万不能历四百年，那末，《老子列传》说宫玄孙假的玄孙，只《尔雅·释亲》上对曾孙，下对来玄孙，方是第四代，若单言孙之"玄"，无异远祖之"远"。《说文》："玄，幽远也。"《东京赋》注引《广雅》："玄，远也。"玄字、远字，义本相同。远祖本是高曾以上的祖，玄孙自然可说是曾孙以下的孙；据此，就不止八传了。（丁）神话之说，依上甲、乙两条，已辩之矣。

关于（二） （甲）《论语》虽为载孔子言行之书，然极不完备，不能以《论语》所不说，便谓孔子无此事。譬如《论语》不说孔子娶妻，便可说孔子无妻乎？况《论语》一书，原有残缺，即如《鲁论》《齐论》《古论》，篇数已各不同。《齐论》多《问王》《知道》二篇，而今失之，安知其称美老聃之言，不在《问王》《知道》二篇之中邪！张煦云：《论语》中说老子的地方，一见于《述而》，再见于《宪问》，《述而》"窃比于我老彭"，"老"即老子。《述而》二句，即孔子所引成语。老子喜用成语，其书用黄帝《金人铭》的话，已有数处——《金人铭》见于《说苑》，崔东璧指为习黄帝者所托，但崔氏只从伪书的《家语》引出，不知据《说苑》，即见其陋——故孔子引为同调。昔人谓孔子此语，当为修《春秋》而发，太史述旧闻，故孔子以商周两史官为比。据此，则"老"即老子，毫无疑义。至《宪问》章"或曰以德报怨"，此文见于《老子》，昔人谓或是指老子，其言甚是。（乙）孔子问礼于老子，叹老子犹龙，则老子道德之说，虽与孔子不同，而孔子必深知其用意所在，故不非之。孟子学孔子者也，又安得而非之！又老子以柔胜刚，故其说孟与墨均未之攻击。且原墨子之学，似多本于老子："兼爱"即老子之"慈"，"节用"即老子之"俭"，其"非攻""非乐"之出于老子，尤为显然。且儒与墨反，杨亦与墨反;墨书中虽非别士,然不著非杨之篇,而有《非儒》之题。故即令墨、老相违,其不著论攻之,亦犹斯耳。

关于(三) 张煦云:此条拿尼采来做例,自不烦言而解。那《曾子问》中的老聃,拘谨守礼,有何问题!

关于(四) 请试读以下三章之诗,其愤痛为何如?

菀彼桑柔,其下侯旬,捋采其刘。瘼此下民,不殄心忧。仓兄填兮,倬彼昊天,宁不我矜!

四牡骙骙,旟旐有翩。乱生不夷,靡国不泯。民靡有黎,具祸以烬。呜呼有哀,国步斯频!

国步蔑资,天不我将。靡所止疑,云徂何往?君子实维,秉心无竞。谁生厉阶,至今为梗!

此诗据序为作于厉王之时,梁氏纵不信古序,但此为孔子以前作品,想梁氏亦难否认。然则孔子之时,春秋之末,其民之呻吟痛苦可知。老子生于其时,发激烈之言论,又有何不可?

关于(五) 张煦云:《老子》一书,有人考过其中文字多有窜乱,但没有全考出。若欲从他文字上定时代,必须先做一番考订工夫,定明他孰为原文,孰为窜改,才能说话。查所列除前人说过的"偏将军""上将军"外,其余各处,尚不足证明所用文字曾经窜改,哪里还能拿来否认全书的时代!(甲)古书多后人妄增,或以注文误入正文,读者宜分别观之。若据一二后人误加之说,遂断定其书之年代,则《史记·司马相如列传》赞有扬雄之言,亦可援以定《史记》非司马迁作,或司马迁为扬雄以后之人乎?张煦云:此节在王弼本第三十一章,本章王弼无注,文字原经窜改。考宋晁说之说:王弼注《老子》,自"佳兵者不祥之器"至"战胜以丧礼处之",非老子之言;明焦弱侯说:"兵者不祥之器"下,似古之义疏杂于经者;清四库馆臣说:自"兵者不详之器"以下至"言以丧礼处之",似有注语杂入。前人已经见到"偏将军""上将军"是杂入之注疏,不成问题。(乙)张煦云:此句旧注"取,治也"。所以说"取天下常以无事",即"无为而治"的意思,所以又说"及其事不足以取天下"。《广雅·释诂》:"取,为也。""为""治"义近,以"治"训"取",义非无据。(丙)此极言其杀人之多,甚之之词耳。如言"周余黎民,靡有孑遗",岂真无孑遗乎!张煦云:考鞌之战,晋侯许郤克八百乘,照每乘车一辆、马四匹、甲士三人、步兵七十二人算,就是六万人、八百辆车、三千二百匹马;还有鲁、卫、曹、狄四国联军不在内,更加上齐国抵敌的军容,能够说是小战吗?晋国的兵,从山西到山东,数千里外去打仗,中间经过卫……国,起先"从齐师于莘",到"六月壬申师至于靡笄之下,……,齐高固入晋师,桀石以投人,……",到"辛酉师陈于鞌",能够说战线不过三十里,战期不过一日的话吗?古书叙战,往往只叙分胜负的那一天，后来史书，犹多如此，有何疑问！我们再论他的军容，仅凭鞌战一部分的八百辆车、三千二百匹马，那些车辙马迹，也要把禾苗踏死，还愁不能致凶年、生荆棘吗？至于华不注在今历城县，与泰安县之泰山相去数百里，纵是山脉相连，断非在泰山旁边的话！说到三周华不注，是左氏做文章，故《史记·齐世家》叙鞌之战，文虽同左氏，却把这一句删去了。（丁）今人胸中先有成见，要将"仁义"二字为孟子"专卖品"，故凡他书先于孟子而言仁义者，皆视为孟子以后之书，真是岂有此理！（戊）张煦云：考吴子寿梦，在《春秋》绝笔前一百零四年已称王。稍后，越亦称王。楚更在《春秋》前称王。老子原籍与楚接壤，或后竟为楚人，岂有不知楚王！在周做官，岂有不知周王！（夏商周皆称王。）何以孔子同时的老子，不会用他？《易·蛊》："不事王侯，高尚其事。"不是早已王侯联用吗？《易·坎》："王公设险，以守其国。"《离》："六五之吉，离王公也。"不是王公联用吗？

至日本人津田左右吉著《儒道两家关系论》（李继煌译，商务印书馆出版），更谓原无老子其人，其所提疑问，大约与梁启超相同。不过梁尚谓有其人，津田则并谓无其人耳。此事不须深辩。试问周秦诸子言老子、老聃者如此之多，赞成其说者有之，反对其说者有之，彼与老子皆年代相去不远，何以一人伪托之，百人附和之？岂诸子皆未尝学问者邪？由彼辈推论之方法，则虽谓孔子、孟子亦并无其人，亦未尝不可。

三 《老子》书

《老子》之书，本不称经，其称经者，盖后人所追尊，犹《离骚》亦本不名经，而后人妄尊以经名也。其书今分上下篇，八十一章，皆非本真。林希逸云："其上下篇之中，虽有章数，亦犹《系辞》上下然。"河上公分为八十一章，乃曰："上经法天，天数奇，其章三十七；下经法地，地数偶，其章四十四。"严遵又分七十二章，上篇四十，下篇三十二。初非本旨，乃至逐章为之名，皆非也。唐玄宗改定章句，以上篇言道，下篇言德，尤非也。今传本多有异同，或因一字而尽失其一章之意者，识真愈难矣。按：《老子》一书，本杂记体，既多错简，而分章亦多不合，兹所论述，仍用八十一章为标题，所以便初学，沿旧例耳。其有大相乖违者，则于解释略言之，其详则拙著《老学八篇·新定老子章句》一篇较为著明，阅者可互考焉！

四 编余语

自来注《老子》者纷纭，大抵言养生者则视为修养之书；言兵者则视为阴谋之言；言佛者则视为虚无之旨；言仙者则视为学仙之诀：其说多怪妄不经。今细审本文，知老子之言，就哲学而论，则为主张天演物竞之说；就政治而论，则为打倒专制政府，反对复古之学说；其对于社会生活，则主张损有余，补不足，抑奢侈，尚俭朴，使贫富阶级不甚相悬，人之欲望不致太奢，以求社会秩序之安宁：此其大旨也。

柱去冬有《老子集训》之作，今春有《老学八篇》之作，皆已由上海商务印书馆印行。此二书所见，已各略有不同，兹编所论述，亦复略有差异。此乃学业见解日异之故，阅者幸勿讥其矛盾！

柱于老学，其训诂理论，皆已详于《老子集训》及《老学八篇》中，兹编所述，务求简易，不遑详征博引，阅者欲知其稍详者，请进而参阅彼二书焉。

此编训诂，亦间有与前二书不同者，如"天得一以清，地得一以宁，神得一以灵，谷得一以盈"四句，天与地对，神与谷对，由是可悟谷神之"谷"，亦为与神相对者，其意义当与"神"相近，而有阴阳之异。前人解"谷神"之谷为善为欲，解"谷得一"之谷为山谷之谷，均未得其义。又如"大器晚成"，向之解者，皆以晚为早晚之晚。今按：上文"大方无隅"，下文"大音希声"（第十四章云："听之不闻名希。"）、"大象无形"，均"无隅"与"大方"相反，"希声"与"大音"相反，"无形"与"大象"相反，则"晚成"亦必与"大器"相反。晚从免声，当有免义，晚成犹言无成，希声犹言无声，与无隅、无形文义一例。"晚"训为"无"，犹"莫"字本日暮本字，而训"无"也。如此等等，均为新近研究之所得，特附述于此。

陈　柱
一九二七年十一月

一章

道可道，非常道；名可名，非常名。① 无名天地之始，有名万物之母。② 故常无欲，以观其妙；常有

---

① 常者，永久不变之谓。可道可名，则非永久不变，何以故？以凡道之名之，则必有对待故。如云道是生，则有生必有死，而道便当有死矣；如云道是小，则大小之相形本无定，而道之大小不可得言矣。然则一名为道，人将问我以何谓道，我亦竟不能答也。故即道之一名，亦当不可成立，而为便于言说计，不能不强名之为道耳。

② 是故就先于天地之开辟而已有，与同天地之开辟而俱来者而想象之，则绝对不可言说、不可名状者也。故曰"无名天地之始"。若使一着言说，则有一必有二，由是一生二，二生三，三生万物，而宇宙之内，形形色色，乃不可穷极矣，故曰"有名万物之母"。

欲，以观其徼。① 此两者同出而异名。② 同谓之玄，玄之又玄，众妙之门。③

---

① 欲，读如《庄子·知北游》篇"欲言而忘其所欲言"之欲。无欲，谓忘然无思念、无意识。妙，读如《易经》"妙万物而为言"之妙，谓生天地万物之道也。徼，谓分徼，万物之分界也。(《汉书·司马相如传》注云："徼谓以木石水为界者也。"是徼有异义。)道既不可得名，故吾人唯有忘然无思无识，以观无名之妙而已，此形上之学也，此重乎修养而顿悟，故曰"常无欲，以观其妙"。若就天地万物而论，则当穷思极虑，以究万物之异同，此形而下学，如今之科学，最重分析者也，故曰"常有欲，以观其徼"。

② 两者，指上所言始与母，及妙与徼也。谓以道观之本无区别，以物观之始生区别也，故曰"此两者同出而异名"。

③ 同谓之玄，是故就其同者而言，则可谓之玄。《说文》"玄"字作 𢆯，从 入，从 ８，象以 入覆 ８ 之形。８ 者，小也，而以 入覆之，此天地未开辟之原子，不可分别，不可名状，不可言说也，故谓之"玄"。玄之又玄，则此原子之中，又有为之原子者焉。愈推愈小，以至不可思念，不可意识，此则众妙之所自出者也。

二章

　　天下皆知美之为美，斯恶已；①皆知善之为善，斯不善已。故有无相生，难易相成，长短相较，高下相倾，音声相和，前后相随。②是以圣人处无为之

---

① 天下事物，如美恶、大小、长短、苦乐等，莫非对待比较而生，故有美斯有恶矣，有大斯有小矣，有长斯有短矣，有乐斯有苦矣。故严复云："试举一物为喻，譬如空气，为生物所不可少，然不觉眼前食气自由之为幸福也，使其知之，则必有失气之恶。"故曰"天下皆知美之为美，斯恶已"。
② 此举有无、难易、长短、高下、音声、前后等相对待相比较之事，以例美恶及善不善也。音声，犹音响。校订者按：音、声对举，段玉裁《说文解字注》："析言之，则曰生于心有节于外谓之音。宫商角徵羽，声也；丝竹金石匏土革木，音也。"《礼记·乐记》："声成文，谓之音。""知声而不知音者，禽兽是也。"较，各本作"形"。刘师培："疑《老子》本文亦作'形'，与生、成、倾协韵，'较'乃后人旁注之字，以'较'释'形'，校者遂以'较'易'形'矣。"

事，行不言之教。① 万物作焉而不辞，生而不有，为而不恃，功成而弗居。夫唯弗居，是以不去。②

---

① 有美则有恶，有乐则有苦。而求美去恶，愿乐舍苦，此天下人之常情，而天下乃从此多事矣。此物质文明愈进步，而天下所以愈难治也。故圣人欲矫之者，唯有处无为之事，行不言之教而已。不言者，谓不以此善恶苦乐相号召，使民忘于美恶苦乐之间，如鱼之在水而忘水也。鱼在水忘水，则如无水；民在治忘治，则如无治，故曰"处无为之事"。无为非不为事也，如天地之生物，顺乎生生之自然，物不知其所以得生，而天地亦不自知其所以生之也。
② 天地生物，既本乎自然，则物之生也不得不生，故曰"作焉而不辞"；生非己德，故曰"生而不有"；生之长之，不知其所以然，故曰"为而不恃"；因物而为，功成非己，故曰"功成而弗居"。夫"居"与"去"亦对待之事也。既已不居于前，又孰从而去之于后，故曰"夫唯弗居，是以不去"。此数句当是他章之错简，本书为初学而作，故一照旧本，以免纷更，而解之于此。

三章

不尚贤，使民不争；不贵难得之货，使民不为盗；不见可欲，使民心不乱。① 是以圣人之治，虚其心，实其腹，弱其志，强其骨，常使民无知无欲，使夫智者不敢为也。为无为，则无不治。②

---

① 贤、难得之货、可欲，此三者，亦对待比较之物也。不尚贤，不以知识阶级压迫群众也；不贵难得之货，不以物质文明迷惑群众也。两者既无，则心无可欲而不乱。
② 圣人有鉴于此，故其为治也，常虚其心，使无可欲，故其生活之程度，不至逐日增高；常实其腹，使不患饥寒，故生活之事，不至于常感困难；弱其志，则不至冒险而犯天下之不韪；强其骨，则可以努力于工作；如是则民常无知无欲，不惑于外物，则虽有智巧者，亦无所资以为乱矣。如此为治，乃为于无为，一切皆自由平等，斯无不治矣。

四章

道冲①,而用之或不盈,渊兮似万物之宗。挫其锐,解其纷,和其光,同其尘。②湛兮似或存,吾不知谁之子,象帝之先。③

---

① 冲,《说文》引作"盅",云:"器虚也。"
② 此章专形容道体。挫锐四句,语意不类,当从马叙伦说,定为五十六章错简,解见彼章。
③ 道之本体,既不可得而言,则其原始亦不可得而说,只觉其似为造物之先而已,不能知其从谁所出也。帝,王弼云:"谓天帝。"然此所谓帝,乃自然之代称,非宗教家所谓上帝者比也。严复云:"此章专形容道体,当玩两'或'字与两'似'字,方为得之。盖道之为物,本无从形容也。"

五章

天地不仁,以万物为刍狗;圣人不仁,以百姓为刍狗。① 天地之间,其犹橐籥乎!虚而不屈,动而愈出。② 多言数穷,不如守中。③

---

① 不仁,谓任其自然,无仁恩之心也。刍狗,祭时所用之物,未用时贵之,既用则弃之,简言之,谓已故则可弃也。天地生物,譬如草木,春生秋落,当生而荣,已落则弃而不可复用,明春复生,亦已非此日之花叶矣。圣人于民,亦复如此,何者?盖今日之百姓已非昔日之百姓,明日之百姓又非今日之百姓,故古之政教非所以用于今,今之政教亦非所能用于后也。或曰:《诗·天保》:"群黎百姓。"《毛传》云,"百姓"谓"百官族姓也"。《老子》此章之"百姓",当作百官解为最适。百官者,政教之所寄也,以百官为刍狗,官府政教,不可因袭也,此老子反对复古之说也。故庄子常以此诋儒家之称先王、说仁义。
② 橐,tuó。籥,yuè。王弼云:"橐,排橐也;籥,乐籥也。橐籥之中空洞,无情无为,故虚而不得穷屈,动而不可竭尽也。天地之中,荡然任自然,故不可得而穷,犹若橐籥也。"柱按:此谓天地之间,以空虚而能容物,以动力而能生物也。此四句,似宜别为一章。
③ 《庄子·齐物论》篇云:"彼亦一是非,此亦一是非。""是亦一无穷,非亦一无穷也。"夫是非无穷,则吾穷矣,故不如守中也。"数"亦多也,"多言数穷"犹云多言多穷。此二句亦宜自为一章。

六章

谷神不死,是谓元牝。元牝之门,是谓天地根。绵绵若存,用之不勤。①

---

① 严复云:"以其虚,故曰'谷';以其因应无穷,故称'神';以其不屈愈出,故曰'不死'。三者皆道之德也。然犹是可名之物,故不为根。若乃其所以出者,则真不二法门也。"柱按:此章言生天地万物之本者也,最应注意者为"不死""若存""不勤"三语。不死而已,非生也,若云生,则必有死矣。故《列子》云:"不生者能生生,不化者能化化。"又云:"生物者不生,化物者不化。"《列子》之"不生",即释《老子》之"不死"。不死非生,则不生亦非死也。存而非存,故能不屈愈出,非存而存,故能万物毕有,故曰"若存"。若存云者,非存非亡之谓也,若云是存,则有亡矣,若云是亡,则天地万物何从而生?故曰"若存"也。不勤者,以生而不生,存而非存之故也。若是生物,则从幼而老,从老而衰,从衰而死,非用之不勤者矣。

七章

天长地久，天地所以能长且久者，以其不自生，故能长生。① 是以圣人后其身而身先，外其身而身存。非以其无私邪？故能成其私。②

---

① 天地能生万物，然而天地非自生也，即《列子》所谓"生生者不生"之意。唯其不自生，故异于物之自生者，而能长生。此云"长生"，亦即上章"不死"之意，与寻常之所谓生者异也。
② 圣人治国亦如此，不自先其身而身常先，不自存其身而身常存，以其无私，故能成其私。喻如有宝器然，私于一家，则出于一家之外为失矣；私于一国，则出于一国之外为失矣；若私于天下，则将安所失乎？此圣人所以无私以成其私也。而或者释为以退为进，目为阴谋，则误矣。

八章

上善若水,水善利万物而不争,处众人之所恶,故几于道。^①居善地,心善渊,与善仁,言善信,正善治,事善能,动善时。^②夫唯不争,故无尤。

---

① 此以水喻圣人不自私,忘己利物,而不与人争也。人人皆欲争其所好,而避其所恶,故不留余地。而豪强兼并,所得者少数人之得,而所失者乃不可胜数也。嗟乎!此帝国主义所以不容于今之世也!上章"天地不仁,以万物为刍狗;圣人不仁,以百姓为刍狗",严复谓为"天演开宗语",然则老子固非不知物竞天择之说者,而常以不争教人,盖深知人类之安宁,在于人类之互助。互助之道,必基于谦让之德,凡异种异国之人,固不得视如毒蛇猛兽之必出于争也。此吾国孔老之道,所长者在此。
② 居善地七句,疑当别为一章。李载贽云:此四句皆圣人利物不争之实。校订者按:正,通"政"。

九章

持而盈之，不如其已；揣而锐之，不可长保；金玉满堂，莫之能守；富贵而骄，自遗其咎：功遂身退天之道。①

---

① 老子之学，期乎一切平等。故戒持盈，以见官位阶级之不可恃；戒揣锐，以见知识阶级之不可恃；戒金玉满堂，以见资本阶级之不可恃。使夫不为之已甚以消患于无形，弭祸于未成耳，故曰"功遂身退天之道"。夫若是，则何恃之有？

十章

载营魄抱一，能无离乎？专气致柔，能婴儿乎？涤除玄览，能无疵乎？爱民治国，能无为乎？天门开阖，能为雌乎？明白四达，能无知乎？^① 生

---

① 《楚辞·远游》："载营魄而登霞兮。"王注："抱我灵魂而上升也。"以"抱"训"载"，以"灵魂"训"营魄"，此汉人故训。《庄子·庚桑楚》篇载南荣趎问老子："'若趎之闻大道，譬犹饮药以加病也，趎愿闻卫生之经而已矣！'老子曰：'卫生之经，能抱一乎？能勿失乎？能无卜筮而知凶吉乎？（原作吉凶，据王念孙改作凶吉。）能止乎？能已乎？能舍诸人而求诸己乎？能翛然乎？能侗然乎？能儿子乎？儿子终日嗥（又作号，音同）而嗌不嗄，和之至也；终日握而手不掜，共其德也；终日视而目不瞚，偏不在外也。行不知所之，居不知所为，与物委蛇而同其波，是卫生之经已。'南荣趎曰：'然则是至人之德已乎？'曰：'非也，是乃所谓冰解冻释者，能乎？夫至人者，相与交食乎地，而交乐乎天，不以人物利害相撄，不相与为怪，不相与为谋，不相与为事，翛然而往，侗然而来，是谓卫生之经已。'曰：'然则是至乎？'曰：'未也。吾固告汝曰，能儿子乎？儿子动不知所为，行不知所之，身若槁木之枝，而心若死灰。若是者，祸亦不至，福亦不来，祸福无有，

十章

之畜之，生而不有，为而不恃，长而不宰，是谓玄德。①

恶有人灾也？'"此《庄子》纯释《老子》，《庄子》之"抱一""勿失"，即《老子》之"抱一""勿离"也，谓神魂精一，不惑于外物也。"儿子终日嗥而嗌不嗄，和之至也；终日握而手不掜，共其德也"云云，即老子"专气致柔"之说也。无卜筮而知凶吉，郭象注云："当则吉，过则凶，无所卜也。"即《老子》"涤除玄览，能无疵"之说也。俞樾云："唐景龙碑作'爱民治国能无为，天门开阖能为雌，明白四达能无知'。其义并胜，当从之。"然则《庄子》"舍诸人而求诸己"，即"爱民治国，能无为"之说也。天门，罗振玉云：敦煌丙本"门"作"地"，然则《庄子》"交食乎地，交乐乎天"云云，即《老子》"天门开阖能为雌"之说也。"儿子动不知所为，行不知所之"云云，即《老子》"明白四达，能无知"之说也。此章专言卫生之道。

① 马叙伦谓"生之畜之"以下，与上文义不相应，此文为五十一章错简。柱按：马说是也。

十一章

三十辐共一毂,当其无,有车之用;埏埴以为器,当其无,有器之用;凿户牖以为室,当其无,有室之用。故有之以为利,无之以为用。①

---

① 埏,shān,揉和也。埴,zhí,土也。毂以中空而能受轴,器以中空而能容物,室以中空而能居人,而所以成此三者,木也,埴也,壁也。非空,则三者不能用;然无木、埴、壁,则三者不能成,而空终不能赖之以为用也,故曰"有之以为利,无之以为用"。

十二章

五色令人目盲；五音令人耳聋；五味令人口爽；驰骋畋猎，令人心发狂；难得之货，令人行妨。① 是以圣人为腹不为目，② 故去彼取此。

---

① 爽，伤也。行妨与目盲、耳聋、口爽等对文。
② 然则圣人之为治可知矣，宜使之能实其腹而不迫于饥寒，弱其志而不惑于奢侈，则富人不以奢侈炫天下矣，而贫民亦不至因受生活之压迫，挺而为乱矣，故曰"为腹不为目"。

十三章

"宠辱若惊,贵大患若身。"① 何谓宠辱若惊?宠为下,② 得之若惊,失之若惊,是谓宠辱若惊。何谓贵大患若身?吾所以有大患者,为吾有身,及吾无身,吾有何患!故贵以身为天下,若可寄天下,爱以身为天下,若可托天下。③

---

① 二语为古语,老子引而解释之。
② 宠为下句,当从俞樾说,据陈景元本作"宠为上,辱为下"。谓人所以受宠辱若惊者,因以宠辱有上下之分,故有得宠失宠之惊,受辱亡辱之惊耳。向使宠不以为宠,辱不以为辱,孰得而惊之乎!
③ 至于贵与大患,莫如有身。盖所贵莫如生,而生有不可得;大患莫如死,而死终不可免。然此皆以此身为己有者也。《庄子》:"汝身非汝有也,乃天地之委形。"知乎此,身非己有,乃天地之所有。忽然而为人,固在天下;化为异物,亦在天下。生非吾生,故生不足贵;死非真死,故死何足患。是"贵以身为天下",而常生于天下;"爱以身为天下",而长存于天下也。故曰"贵以身为天下,若可寄天下,爱以身为天下,若可托天下"。严复谓"若"字作"如此乃"三字解,柱按:此二"若"字,宋河上本均作"者则"二字。

十四章

视之不见名曰夷,听之不闻名曰希,搏之不得名曰微。此三者不可致诘,故混而为一。① 其上不

---

① 此章言道之本体。盖就物而观之,则有视而见者,听而闻者,搏而得者。自道观之,则视之而不可见,听之而不可闻,搏之而不可得(易顺鼎云"搏"当作"抟",宋陈抟字希夷,即取此义)。夷、希、微之称,亦不过强字以至小之名尔。夫既不可见、不可闻、不可得,则无分于视、听与搏矣,故曰"此三者不可致诘,故混而为一"。校订者按:高明《帛书老子校注》云:"帛书甲、乙本第三句'㨉之而弗得,名之曰夷',今本多同王本作'搏之而不得名曰微',唯吴澄、林志坚本作'搏之不得名曰微'。这里不仅误'夷'字为'微',并且误'㨉'字为'搏'。《说文》:'㨉,抚也,一曰摹也。''㨉'字也可写作'捪',《广雅·释诂》:'捪,循也。'《易经·乾凿度》《列子·天瑞篇》皆作'视之不见,听之不闻,循之不得';《淮南子·原道》也作'视之不见其形,听之不闻其声,循之不得其身'。'循之不得',即帛书甲、乙本'㨉之而弗得',犹言抚摸不着。《广雅·释诂》:'夷,灭也。''㨉之而弗得',正与'名之曰夷'义相合。足证今本不仅误'㨉'字为'搏',而且误'夷'字为'微',而失原义远矣。"

皦，其下不昧，绳绳不可名，复归于无物。是谓无状之状，无物之象。[1] 是谓惚恍，迎之不见其首，随之不见其后。[2] 执古之道，以御今之有。能知古始，是谓道纪。[3]

---

[1] 混而为一，此所谓道也。不为形器所囿，视之而不可见，故曰"不皦"。皦者，明也。然而物由之而见，故曰"不昧"。非明非昧，似有非有，似无非无，故曰"绳绳不可名，复归于无物"。此无物之物，唯涤除玄览，可以观其妙，故名为"无状之状，无物之象"也。

[2] 李嘉谋云：惚恍者，出入变化，不主故常之谓也。其来无始，故"迎之不见其首"；其去无终，故"随之不见其后"。

[3] 执古御今者，谓自有史以来，递演递进，人事进化之迹，治乱起伏之机，莫不由简而繁。由古之世而可递变至于今，则由今之世而递变之者，皆可以预测而知所以御之之术，故曰"执古之道，以御今之有"也。俗儒或误解为复古，古字从十从口，谓十口相传者也，谓有史以来也。古始则有史之前，虽不可得知，然以古之演为今，则亦可以知古始之演为古。逆而推之，则天地剖判之初，不亦可以意想而得乎！故曰"能知古始，是谓道纪"。自执古以下，文义与上不应，宜别为一章。冯振云：执古之道，犹言"执古之无"，老子书之"道"与"无"一也，"古之无"与下"今之有"对文。

十五章

古之善为士者,微妙元通,深不可识。① 夫唯不可识,故强为之容:豫焉若冬涉川;犹兮若畏四邻;俨兮其若客;涣兮若冰之将释;敦兮其若朴;旷兮其若谷;混兮其若浊。② 孰能浊以静之徐清;孰

---

① "士"字当从俞樾说,据宋河上本作"上"。此形容古时得道之君,其为天下,微妙玄通,深不可识也。校订者按:"士",傅奕本等均作"道",马叙伦等亦以"道"字为是。
② 强为之容以下七句,皆形其为天下态度:"若冬涉川"者,不敢妄进,所以为常天下先也;"若畏四邻"者,守柔弱,所以保刚强也;"若客"者,自卑下,所以保高也;"若冰之将释"者,自损蔽,所以保坚实也;"若朴"者,自亏缺,所以保其盛全也;"若谷"者,不敢盛盈,所以保其贤也;"若浊"者,处浊辱,所以保其新鲜也。读《老子》此等处,最当注意"若"字,倘不注意"若"字,则常在浊辱卑弱而无以自存矣。吾国古来之读《老子》者,皆多忽视此字者也。而间有注意及者,则又以为阴谋之说,欲取先予,而不知若之为言,有似是而非之意:其曰若浊,则原非浊而为新鲜;曰若朴,则原非朴而为盛全。其意甚明。然则若浊若朴云者,谓不以新鲜盛全矜人,

老子

能安以久动之徐生。① 保此道者不欲盈。② 夫唯不盈，故能蔽不新成。③

虽新鲜而若浊，虽盛全而若朴耳。然则本自新鲜，非阴谋以取新鲜；本自盛全，非阴谋以取盛全。不过居新鲜盛全之地，而以若浊若朴之态度，不以阶级凌人，不以阶级炫人，使民心不乱，而争乱不起耳。此老子之术，所以内刚强而外柔弱也。

① 安，定也。生，进也。此二句当作"孰能晦以理之徐明，孰能浊以静之徐清，孰能安以动之徐生"。（说见拙著《老学八篇·新定老子章句》，兹不赘。）谓使民之晦者而能明、浊者而能清、安者而能生之道，在乎理之、静之、动之，使之徐而不疾、渐而不骤，顺其自然而不知其所以然也。"孰能"者，言其难能也。

② 此道，谓徐明、徐清、徐生之道也。行此道者，亦不欲其盛盈，盛盈则倾而不能行矣。此亦贵谦下之道也。

③ 能蔽不新成，《淮南子》作"能蔽而不新成"，景龙本作"能蔽复成"。今按上文文义，当作"能敝而复成"，谓如此者，虽敝而能使之复成，则浊可以使之复清、乱可以使之复治也。

十六章

　　致虚极，守静笃，万物并作，吾以观复。① 夫物芸芸，各复归其根。归根曰静，是谓复命。② 复命曰常，③ 知常曰明。不知常，妄作凶；④ 知常容，容

---

① 此谓凡有起于虚，动起于静，吾人于道，亦当致虚之极至，守静之真正。
② 不观于万物乎？动作生长，万变千化，而试观其复，则芸芸者终各归其本根。归根者何？亦静而已。静者，复其本根之命也。老子盖谓物之生，有其生时之命；其未生时，亦自有其命。生之尽而归根，则亦复其未生时之命而已。生时之命，其动作生长，人所见也，故可谓之动；而未生之命，则人所不能见也，故谓之静。故曰"归根曰静，是谓复命"。
③ 根乃天地生物之原，古今万物之所同归，而不变者也。故曰"复命曰常"。
④ 人为万物之一，其生固不能无死，然苟使能知此常，则可谓明乎不生不死之道者矣。反是者，则自伤物化，庄子所谓"大冶必以为不祥之金，造化必以为不祥之人"者也。故曰"不知常，妄作凶"。

乃公，公乃王，王乃天，天乃道，道乃久，① 没身不殆。②

---

① 容者，无所不包。公者，荡然公平。"王"字当从马叙伦说为"周"之坏体，周者，无不周普。天者，至大无外（本《说文》至高无上之意）。道者，先天地生而不为久，长于上古而不为老（二句见《庄子·大宗师》篇），故曰"道乃久"。
② 诚如是，则天地与我并生，万物与为一（《庄子·齐物论》篇语）。则大浸稽天而不溺，大旱金石流土山焦而不热矣（《庄子·逍遥游》篇语），又孰得而殆之，故曰"没身不殆"。孔子所谓"朝闻道，夕死可矣"者，其是之谓欤！

十七章

太上下知有之，其次亲而誉之，其次畏之，其次侮之。① 信不足，焉有不信焉，悠兮其贵言。功成事遂，百姓皆谓我自然。②

---

① 下知有之，胡适谓《永乐大典》本、吴澄本皆作"不知有之"，日本本作"下不知有之"。柱按：《韩非子·难三》及《淮南子·主术训》均与旧本同，则旧本是也。此谓太上之民，止知有其应得之赏罚，不言说其是非也。唯其次者方誉其是，又次者乃畏其非，最下者乃侮其非矣。
② 马其昶本无两"焉"字，云："'其读为岂'，信不足而盟誓作，是贵言也。若夫功成而民不知，岂贵言哉！"

十八章

大道废，有仁义；慧智出，有大伪；六亲不和，有孝慈；国家昏乱，有忠臣。①

---

① 太平之世，安有忠臣？安乐之家，岂有孝子？然则睹忠臣之可贵，必其国之昏乱矣；睹孝子之可贵，必其家之不和矣。然则知仁义之可贵，则天下必不仁义者矣。是犹鱼知水之可贵，则必已有失水之患者矣。盖老子之意，以为道德人人平等，无所比较，故不见有仁义。仁义之生，必人与人有不平等者，相比较而后见也。

十九章

　　绝圣弃智，民利百倍；绝仁弃义，民复孝慈；绝巧弃利，盗贼无有。此三者以为文不足。① 故令有所属，见素抱朴，少私寡欲。②

---

① 此承上章之意，而欲去仁义之世之有阶级时代，而反于道德之世之无阶级时代也。然圣智也、仁义也、巧利也，三者皆比较而生之事。倘能使天下之人皆圣智，则圣智无所见矣；使天下之人皆孝慈，则仁义无所见矣；使天下之人皆巧利，则巧利无所见矣。此亦绝圣弃智、绝仁弃义、绝巧弃利之法也。何也？《考工记》云：粤无镈，燕无函。非无镈也，非无函也，夫人而能为镈也，夫人而能为函也。《老子》之绝，亦若此而已。然天下人至不齐也，则此三者之文明，安能使天下之皆齐一满足乎，故曰"此三者以为文不足"也。下章"绝学无忧"句，宜据易顺鼎说，移在此章"绝圣弃智"句之上，盖此章四绝字，文本一律也。"三者"之"三"，当改为"四"字。
② 夫既不能使之足矣，则决不能专以此三者炫惑天下，而当令天下之民有所属矣。于何属之？则"见素抱朴，少私寡欲"是矣。如是则不惑天下之人以奢侈，而天下之人亦无有受阶级之压迫者。

二十章

绝学无忧。①唯之与阿,相去几何?善之与恶,相去若何?②人之所畏,不可不畏。荒兮其未央哉!③众人熙熙,如享太牢,如春登台。我独泊兮其未兆,如婴儿之未孩,儽儽兮,若无所归。④众

---

① 此句当在上章,见上章注。严复谓绝学固无忧,顾其忧非真无也,处忧不知,则其忧等于无耳。非洲鸵鸟之被逐而无覆之也,则埋其头于沙,以不见害己者为无害,老氏绝学之道,岂异此乎!
② 阿者,诃之借字。诃者,唯之反;恶者,善之反。在众人则喜唯憎诃,争善舍恶;而自达人观之,则一耳。
③ 然人之所畏者,祸患也,吾岂独不畏乎!故曰"人之所畏,不可不畏"。然祸福之来,不可测量,故曰"荒兮其未央哉"。然则吾与众人,当知所处之异矣,以下即屡以众人与己对举,见己与众人之异。
④ 享太牢春登台,言众人迷于美进,惑于荣利,欲进心竞也。泊兮其未兆如婴儿之未孩,言我独廓然无形之可名,无兆之可举,如婴儿之未能孩者然也。(马其昶本"孩"作"咳",云笑也,"咳""孩"同字。)若无所归者,对春登台而言,众人如春登台,而我独若无所宅也。

二十章

人皆有余,而我独若遗。① 我愚人之心也哉,沌沌兮。俗人昭昭,我独昏昏,俗人察察,我独闷闷。澹兮其若海,飂兮若无止。② 众人皆有以,而我独顽似鄙。③ 我独异于人,而贵食母。④

---

① 众人皆有余而我独若遗,谓众人无不有怀有志,盈溢胸中,而我独无为无欲,若遗失之者也。
② 飂,liú。众人昭昭,耀其光明;我独昏昏,自居黑暗。众人察察,竞为分别;我独闷闷,自居混沌。故我独能澹兮若晦而情不可睹(海字当作晦,王注云情不可睹,则本作晦也),飂兮若无所止而无所系也。
③ 以,用也。"顽似"当作"顽以",犹"顽而"。谓众人皆欲有所施用,而我独顽而鄙,若无所识者,此皆我所以异于人,而贵乎食母也。
④ 食母,生之本也。谓我独贵生民之本,众皆贵末饰之华也。此章诸"如""若"等字,亦不可忽视。

二十一章

孔德之容,惟道是从。^① 道之为物,惟恍惟惚。惚兮恍兮,其中有象;恍兮惚兮,其中有物。窈兮冥兮,其中有精。^② 其精甚真,其中有信。^③ 自古及今,其名不去,^④ 以阅众甫。^⑤ 吾何以知众甫之状哉,以此。

---

① 道德二字,混言则一,析言之则有表里之异。苏辙云:"道无形也,及其运而为德,则有容矣,故德者道之见也。"孔,河上注云"大也"。德为道之见,则大德之容,惟道是从矣。
② 以上八句,形容道体。有象之物,方圆是也;有物之物,金石是也;有精之物,草木虫人是也。
③ 以夷、希、微之德,而涵三有,甚真故可观妙,有信故可观徼。为一切之因而有果可以验,物之真信,孰愈此者!
④ 至真之极,不可得名,无名则是其名也。自古及今,无不由此而成,故曰"自古及今,其名不去"也。
⑤ 王弼云:"众甫,物之始也,以无名阅万物始也。"柱按:王注"阅"字,原本作"说",当是"阅"之讹字,以无名阅万物始,即首章"无名天地之始""常无欲以观其妙"之意。

二十二章

曲则全，枉则直，洼则盈，敝则新，少则得，多则惑。① 是以圣人抱一为天下式。② 不自见，故明；不自是，故彰；不自伐，故有功；不自矜，故长。夫唯不争，故天下莫能与之争。古之所谓曲则全者，岂虚言哉！诚全而归之。③

---

① 严复云："少多二句，开下抱一。""一者，天下之至少，而亦天下之至多。"
② 王弼云："式，犹则之也。"
③ 庄子论老子之学，曰："人皆求福，己独曲全，曰苟免于咎。""苟免"即"曲"之意。曲者不求全而能自全，由是推之，虽枉而直，虽洼而盈，虽敝而新，以其有抱一之道，无人我之分也。无人我之分，则不争，不争则自处于一曲，而留其余以处人，人与己各有所处，则各免于争。非惟不争也，我有让于人，人亦且奉于我，是之谓全。此章言处身之道，亦第八章"处众人之所恶"之意。

二十三章

希言自然。① 故飘风不终朝，骤雨不终日。孰为此者？天地。天地尚不能久，② 而况于人乎！故从事于道者同于道，德者同于德，失者同于失。同于道者道亦乐得之；同于德者德亦乐得之；同于失者失亦乐得之。③ 信不足，焉有不信焉。④

---

① 希言自然，即前所谓不言之教、无为之事也。孔子曰"予欲无言"，即希言也；"天何言哉？四时行焉，百物生焉"，即自然也。
② 天不言而四时自行，百物自生，天之恒也。飘风骤雨，非其恒也，故不可久。
③ 同，谓玄同，不分别、不矜异也。道德仁义礼，玄同则得之，分别矜异则失之。下篇"失道而后德，失德而后仁，失仁而后义，失义而后礼"，即此"失"字也。老子上道德而下仁义礼，而又曰："失者同于失。"失即指仁义礼也。然则老子之薄仁义礼，薄其自分别、自矜异耳。若本玄同之道，以从事焉，虽于道德为失，而于仁义礼亦未尝不乐得之也。
④ 宜从马叙伦说，此二句为十七章错简。

二十四章

企者不立，跨者不行。自见者不明，自是者不彰，自伐者无功，自矜者不长。其在道也，曰余食赘行。物或恶之，故有道者不处。①

---

① 此章言违反自然，严复谓"反明二十二章之意"。余食者，食而病者也。赘行者，行而异者也。自见、自是、自伐、自矜，皆害其前功，犹画蛇添足，不惟无功，且以失久矣。刘师培云："食亦当作德，德与行对文。"柱按：食读如《尚书·尧典》"食哉"之食，孙星衍彼注云："《释诂》：'食，伪也。'""伪"与"为"通，"余为""赘行"，文正相对。

二十五章

有物混成,先天地生。寂兮寥兮,独立不改,周行而不殆,可以为天下母。吾不知其名,字之曰道,强为之名曰大。① 大曰逝,逝曰远,远曰反。② 故道大,天大,地大,王亦大。③ 域中有四大,而

---

① 傅奕本"字"上有"强"字,道本不可得道,而谓之道者,强字之耳。王弼曰:"吾所以字之曰道者,取其可言之称最大也。责其字定之所由,则系于大,大有系则必有分,有分则失其极矣,故曰'强为之名曰大'。"
② 不守一大体,周行无所不至,故曰"逝",逝,行也。不偏于一逝,周行无所不穷极,故曰"远",远,极也。反者,严复云:"不反则改,不反则殆,此化所以无往不复也。"校订者按:反,通"返"。
③ "王"字当从《说文》改作"人",下"王"字同。人为万物之灵,为天演中最进化之物,故曰"人亦大"。

二十五章

王居其一焉。人法地，地法天，天法道，道法自然。①

---

① 熊季廉云："法者，有所范围而不可过之谓。"王弼云："人不违地，乃得全安，'法地'也。地不违天，乃得全载，'法天'也。天不违道，乃得全覆，'法道'也。道不违自然，乃得其性，'法自然'者，在方而法方，在圆而法圆，于自然无所违也。'自然'者，无称之言，穷极之辞也。用智不及无知，而形魄不及精象，精象不及无形，有仪不及无仪，故转相法也。"江衡谓天地一物也，犹卵为一物，白者天而黄者地也。万物生天地间，父天而母地，子无不肖父母者。地居天中，南北二点，正当天之两极。天包地外，其体浑圆，此为生物之本体。动物皆卵生，人与兽虽胎生，胎在腹中，亦似卵，故小而至于昆虫之子，皆为卵生，卵形圆，元气浑沦，一小天地，则肖其本体也。植物之实皆圆，则亦各肖焉。瓜李橘柚之属，其两端且肖两极。桃梅杏枣之属，其核两端正当外之两极，尤为确肖。核为地而外为天，合天地气以生物，故合天地形以成形。此章亦形容道体。严复云："老谓之道，《周易》谓之太极，佛谓之自在，西哲谓之第一因，佛又谓之不二法门，万物所由起讫，而学问之归墟也。不生灭，无增减，万化皆对待，而此独立；万物皆迁流，而此不改。"

二十六章

重为轻根,静为躁君。① 是以圣人终日行不离辎重,虽有荣观,燕处超然。② 奈何万乘之主,而以身轻天下?轻则失本,③ 躁则失君。

---

① 王弼云:"凡物轻不能载重,小不能镇大。不行者使行,不动者使动,是以重必为轻根,静必为躁君也。"严复云:"二语乃物理之公例,执道御时,则常为静重者矣。"
② 李温陵云:"有辎重则虽终日行而不为轻,何也?以重为之根也。常燕处则虽荣观而不为躁,何也?以静为之君也。"
③ "本"字当从俞樾说,据《永乐大典》本改作"根",与"君"韵。

二十七章

善行无辙迹；善言无瑕谪；善数不用筹策；善闭无关楗而不可开；善结无绳约而不可解。[1] 是以圣人常善救人，故无弃人；常善救物，故无弃物；是谓袭明。[2] 故善人者，不善人之师；不善人者，善人之资。[3] 不贵其师，不爱其资，虽智大迷。是谓要妙。

---

[1] 严复云："《南华·养生主》一篇，是此章注疏。其所以善行、善言、善数、善闭、善结，皆不外依乎天理。然何以能依天理，正有事在也。"
[2] 严复又云："管夷吾得此，故能下令如流水之源，又能因祸以为福，转败以为功。"
[3] 马其昶云：见不善非徒以为戒，又必教之使善，然后吾之善量足，是不善人正善人为善之资。

二十八章

知其雄,守其雌,为天下溪。为天下溪,常德不离,复归于婴儿。知其白,守其黑,为天下式。为天下式,常德不忒,复归于无极。知其荣,守其辱,为天下谷。为天下谷,常德乃足,复归于朴。①朴散则为器,圣人用之,则为官长。故大制不割。②

---

① 王弼云:"雄,先之属;雌,后之属也。知为天下之先者,必后也。是以圣人后其身而身先也。溪不求物,而物自归之;婴儿不用智,而合自然之智。"严复云:"守雌者必知其雄,守黑者必知其白,守辱者必知其荣。否则,雌矣、黑矣、辱矣,天下之至贱者也,奚足贵乎!今之用《老》者,只知有后一句,不知其命脉在前一句也。"
② 王弼云:"朴,真也。真散则百行出,殊类生,若器也,圣人因(经文'圣人用之',当从俞说据王注改作'因')其分散,故为之立官长。以善为师,不善为资,移风易俗,复使归于一也。"吕惠卿云:"朴者,真之全而物之浑成者也,浑成未为器,则无施不可。器之为物,能大而不能小,能短而不能长,能圆而不能方,故圣人用之以为官长而已。若夫抱朴以制天下者,视天下之理,犹庖丁之解牛,游刃有余地,何事于割哉!"

二十九章

将欲取天下而为之，吾见其不得已。①天下神器，不可为也。为者败之，执者失之。②故物或行或随，或歔或吹，或强或羸，或挫或隳，是以圣人去甚、去奢、去泰。③

---

① 此言为天下为不得已之事。取者，取而临莅之也。《庄子·在宥》篇"故君子不得已而临莅天下"，即其义。
② 老子以天下为神器，犹斯宾塞以国群为有机体也（严复说）。不可为者，王弼云："万物以自然为性，故可因而不可为也，可通而不可执也。"夫为国亦若是而已。时乎皇则皇，时乎帝则帝，时乎王则王，时乎伯则伯，时乎立宪则立宪，时乎共和则共和。当其势之至，唯有因之、通之而已。若非至其时而早为之，或既至其时而固执之，其为败与失，必不能免，何也？远乎自然之则也。
③ 歔气暖，吹气寒。"挫"字当从宋刊河上本作"载"。行与随，歔与吹，强与羸，载与隳，皆对待之义。有甚行则必有甚随，有甚强则必有甚羸。由是推之，有甚富则必有甚贫，有甚得则必有甚失，有甚荣则必有甚辱，有甚乐则必有甚苦，而天下乃多故矣，是以"圣人去甚、去奢、去泰"也。校订者按："挫"字他本或作"接"或作"载"。于省吾认为"接"通"捷"，捷为捷胜，隳有毁败义，义正相对。可参。

三十章

以道佐人主者,不以兵强天下。其事好还。师之所处,荆棘生焉。大军之后,必有凶年。① 善有果而已,不敢以取强。果而勿矜,果而勿伐,果而勿骄,果而不得已,果而勿强。② 物壮则老,是谓不道,不道早已。③

---

① 此反对侵略主义之说也。佐,景龙本作"作",主词虽异,意无大异也。
② 王弼云:"果犹济也。"故治兵者,以止戈济难为武,不以兵力侵略天下也。夫止戈济难,不得已之兵也,故曰"果而不得已,果而勿强"。校订者按:"有"字景龙本等作"者",可参。
③ 夫物壮必老,兵骄必败,故军阀盛大之日,即其崩溃之时。故曰"是谓不道,不道早已"。此章与下章多错简,参考拙著《老学八篇·新定老子章句》。

三十一章

夫佳兵者不祥之器，物或恶之，故有道者不处。君子居则贵左，用兵则贵右。兵者不祥之器，非君子之器，不得已而用之，恬淡为上。① 胜而不美，而美之者，是乐杀人。② 夫乐杀人者，则不可以得志于天下矣。③ 吉事尚左，凶事尚右。偏将军居左，上将军居右。言以丧礼处之。杀人之众，以哀悲泣之。战胜，以丧礼处之。④

---

① 佳，当从王念孙说改作"隹"。隹，古"唯"字也。此亦畅发非战主义。
② 美之者是乐杀人，孟子所谓"善战者服上刑"也。
③ 孟子曰："不嗜杀人者能一之。"夫乐杀人者，是嗜杀人也，乌能一之！
④ 自"吉事尚左"以下，文意浅陋，不类《老子》，当是上文"君子居则贵左，用兵则贵右"之旧注，而误入正文者。

三十二章

道常无名,朴虽小,天下莫能臣也。侯王若能守之,万物将自宾。① 天地相合,以降甘露,民莫之令而自均。② 始制有名,名亦既有,夫亦将知止,知止可以不殆。③ 譬道之在天下,犹川谷之于江海。④

---

① 俞樾云"常"通"尚"。严复谓:"朴者,物之本质,为五蕴六尘之所附,故朴不可见。任汝如何所见所觉,皆附朴之物尘耳。""臣官皆器也,朴散而后可臣。夫重静,朴之德也。为轻根,为躁君,我守其主,则万物安得而不宾哉!"校订者按:第二十八章有"朴散则为器"句,可参其注。
② 王弼云:"言天地相合则甘露不求而自降,我守其真性无为,则民不令而自均也。"
③ 王弼谓:"始制,言朴散始为官长之时也。始制官长,不可不立名分,以定尊卑,故'始制有名'也。过此以往,将争锥刃之末,故曰'名亦既有,夫亦将知止'。遂任名以号物,则失治之母也,故'知止可以不殆'也。"
④ 马其昶云:"水止于江海,则不溢;人止于道,则不殆。"柱按:此章多错简,文气不能一贯,订正文字,见拙著《老学八篇·新定老子章句》。校订者按:"于"字景龙本等作"与",可参。

三十三章

知人者智,自知者明;① 胜人者有力,自胜者强;知足者富,② 强行者有志;③ 不失其所者久,死而不亡者寿。④

---

① 《韩非子·喻老》篇:"庄子曰:'臣患智之如目也,能见百步之外,而不能自见其睫。'"又云:"故知之难,不在见人在自见。故曰:'自见之谓明。'"
② 老子于道于学,则虚其心而常若不足,所以受之也。于财利,则贵乎知足,而不强求,何者?贫穷二字,从比较而生,日进数金之人见日进百金者,则自觉不足,而慕彼有余矣;及其日进百金,则亦自觉其百金之不足,而慕他人之日进千金者矣。以是递进,虽累千万,其不足如故,其贫如故也,此世界所不能安宁也。唯有道者则不然,箪食瓢饮,曲肱而枕,乐在其中。所需既少,所欲易足,故虽儋石之储,亦常觉其富也。大抵不足则争,争则物质之文明必进步,而世界杀戮之祸亦愈烈。足则不争,而物质亦不易进步,人类杀戮之祸,亦可以稍戢,此两派互有得失。然大抵为学为道,则常以不足为心,而一人之享受,则恒以足为本,则可免于患,此读《老子》者所当知者也。
③ 志士界说在此,惟强行者为有志,亦惟有志者能强行。孔子曰:"知其不可而为之。"孟子曰:"强恕而行。"又曰:"强为善而已。"德哲噶尔第曰:"所谓豪杰者,其心目中有常他人所谓断做不到者。"凡此皆有志者也。
④ 万物与我为一,何失之有?天地与我并生,何亡之有!

三十四章

大道泛兮，其可左右。万物恃之而生而不辞，功成不名有，衣养万物而不为主。① 常无欲，可名于小。万物归焉而不为主，可名为大；以其终不自为大，故能成其大。②

---

① 此言大道泛滥，无所不至。绵绵若存，用之不勤，故"万物恃之而生而不辞"。功成不居，故"功成不名有"。道法自然，故"衣养万物而不为主"。
② 无思无虑始知"道"，故道本不可思不可虑，故曰"常无欲，可名于小"。万物之来由是，其归也亦于是，一任自然，而使之不知孰为之主者，故曰"可名为大"。简而言之，盖谓大道无所不至：谓之左也可，谓之右也可；谓为物之始也可，谓为物之终也可；谓之小也可，谓之大也亦可。无所不可，斯所以为大也。

三十五章

执大象，天下往，① 往而不害，安平太。② 乐与饵，过客止。③ 道之出口，淡乎其无味，视之不足见，听之不足闻，用之不足既。④

---

① 王弼云："大象，天象之母也，不寒、不温、不凉，故能包统万物，无所犯伤。"严复云："人皆有所执，特非大象。大象，道也，即上章万物之所归者。"柱按：此老子崇尚民主政体之说也，盖君主政体之所恃以生存者，恃其有为主焉者尔，使其无此主焉者，则其基本已坏，将不打而自倒矣。主焉者何？则"功成名有""衣养万物而为之主"是也。
② 严复云："安，自由也；平，平等也；太，合群也。"
③ 今街市卖饼者尚作乐以招致儿童，老子云："乐与饵，过客止。"知古时亦如此，故老子举以为喻也。乐有声可闻，饵有味可食，而皆有形可睹，故足以止过客。
④ 惟道则不然，其出口也淡然无味，视之不见，听之不闻，若无所用者，故不足以止过客。然其无所不有，而用之乃不可既。校订者按：既，尽也，竭也。

三十六章

将欲歙之,必固张之;将欲弱之,必固强之;将欲废之,必固兴之;将欲夺之,必固与之:是谓微明。① 柔弱胜刚强。② 鱼不可脱于渊,国之利器不可以示人。③

---

① 此老子揭破阴谋家之术,以戒人处张、强、兴之势,所当谨慎者也。盖谓有大焉,将欲歙尔而固张尔,将欲弱尔而固强尔,将欲废尔而固兴尔,将欲夺尔而固与尔者,是谓微明之术,不可不留意也。
② 故唯自守柔弱,使人不得而张之,不得而强之,则可以无祸矣,故曰"柔弱胜刚强"。
③ 此微明之诈术,乃圣智之遗存,故《庄子·胠箧》篇释之曰:"圣人不死,大盗不止。虽重圣人而治天下,则是重利盗跖也。"故曰"鱼不可脱于渊,国之利器不可以示人"。彼圣人者,天下之利器也,非所以明天下也。盖自圣智之术明于天下,而圣智之用乃废,犹鱼之脱于渊矣。

三十七章

道常无为而无不为,① 侯王若能守之,万物将自化。② 化而欲作,吾将镇之以无名之朴。③ 无名之朴,夫亦将无欲。不欲以静,天下将自定。④

---

① 此言天演之自然演进也。夫由无形而有形,由有形而万物,由万物而有生动,由生动而有人类之灵,何一而非天演物竞交互而来?然虽曰物竞,而此物竞之由来,亦何一而非自然之力?即专就政治而论,由部落而帝皇,由帝皇而民主,亦何一而非自然之演进?即今之声光化电,穷极人工,且无论利用者无一而非自然之物,即此聪明材力之人工,而何尝不从天演之自然而出?故曰"道常无为而无不为"也。
② 是故世运之推迁,历久而进,此乃自然之事,为国者(侯王即古为国者)止宜守其自然之则,因而为之,则万物自然莫不进化矣,故曰"侯王若能守之,万物将自化"。
③ 然天下事物,莫非对待。利之所在,即害之所从生。文明愈进,而人之欲望亦愈增,则天下之人不得厌其欲望者众矣,故天下必不免乎乱。小则国家之侵伐,大则阶级之竞争,其杀戮之烈,又何一而非文明进化之赐。故善为国者于此,又必思有以镇之,故曰"化而欲作,吾将镇之以无名之朴"。
④ 镇之以无名之朴者,不示天下以奢泰,使天下之人不惑于外物之可欲,不至常受生活之压迫,则或可以免于乱,故曰"不欲以静,天下将自定"。

三十八章

上德不德，是以有德；下德不失德，是以无德。①上德无为而无以为，下德为之而有以为。上仁为之而无以为；上义为之而有以为；上礼为之而莫之应，则攘臂而扔之。②故失道而后德，失德而后

---

① 天地生物，德之至大也。而天不自以为德，物亦不知其德，此上德不德，所以为德也。帝皇君临天下，务欲施德于民，使之歌功颂德，而爱戴己焉。是利用之术，交易之道，非真德也。此下德不失德，所以为无德也。

② 上德无为句，当从俞樾说据《韩非子》改作"上德无为而无不为"。如天地之生物，无为也，而万物无不成，是无不为也。下德为之而有以为者，帝皇之施德于民，原欲使民戴己，是有以为也。上仁为之而无以为者，如见嫂溺则不禁援之以手，而不及计较其合礼与否是也。仁者，人也，其字从二人，谓为人而非为己也。一有计较之心，则救与不救，必审乎宜与不宜，是不免为己矣，此"上义为之而有以为"也。义者，宜也，其字（繁体为"義"）从羊、我，羊者善也，谓当审于己宜与不宜，善与不善。仁义行，则有德之之心矣，德之之心，无所表见，故圣智复为礼以表之。其始也莫之应，圣智仍恭让其手足而为之，于是久之而民遂相率而循于礼，则礼之有为益甚矣。仁、义与礼，言上不言下者，上者如是，则下者可不言而喻矣。

三十八章

仁,失仁而后义,失义而后礼。① 夫礼者,忠信之薄,而乱之首。② 前识者,道之华,而愚之始。③ 是以大丈夫处其厚,不居其薄;处其实,不居其华。故去彼取此。

---

① 道本无名,至德则已有名矣。德者,万物同焉皆得,而不知其所以得之谓也——此指上德。下德同于上义,不得谓之德矣,故曰不德。及其得而有不能同焉者,则大小、多寡、苦乐之事以起,而后救灾济难之事以兴。如嫂不溺则无救之之仁,必待其溺而后有救之之仁也,故曰"失德而后仁"。宜与不宜,计较之心既生,则所为之仁,亦不过为己,故曰"失仁而后义"。礼者,又仁义之表也,譬如父母,以物给子,则子不必揖让以谢;若在君臣朋友,则揖让之礼生矣。又父母以物给子,必不念报答;若在君臣朋友,则报答之礼生矣。故曰"失义而后礼"。
② 报答之礼既生,则赠而不报,谓之失礼。于是报答之物,若有不称,则不能无怨之念,而天下之乱,乃由是起矣。故曰"礼者,忠信之薄,而乱之首"也。
③ 圣人为礼之始,俯仰拜跪,人必苦之,而不易听从。故必假神权以为之,曰事神则降福,降福则当报,故古文礼字作𧨾,从示从乚,示,神事;乚,象人跪而事神也。小篆"礼"作禮,从示从豊,豊者祭器,以物享神也。礼既起于神权,而求福免祸,乃恒人之常情。于是卜筮、图谶、堪舆、相人之术以起,人皆迷信之,欲其前识,以免于祸,而古来之帝皇,所为以神道设教,借神权以愚人之术也,故曰"前识者,道之华而愚之始"。

三十九章

昔之得一者：天得一以清，地得一以宁，神得一以灵，谷得一以盈，万物得一以生，侯王得一以为天下贞。① 其致之，② 天无以清将恐裂，地无以宁

---

① 严复云："是各得之一，即道之散见也，即德也。"柱按：言"昔之得一者"，推原其始也。一者，惟初太极，道立于一，即无为而无不为之道，谓天演自然之力也。故天得此一以轻清上浮，地得此一以重浊下宁，神得此一以为灵，谷得此一以为盈，万物得此一以为生，侯王得此一以为天下贞，此谓天演之力。由天地开辟，演进而为生命之源，再演进而为动植之物；由动植之物，再演进而为人类之灵，而人类又由部落而有政府、成国家也。又《上篇》（校订者按：指《老子》的上篇，即所谓"道经"部分）以谷神连称，此以"神"与"谷"对举。神与谷对举，犹上文天与地对举也。《说文》训神为天神，引出万物。则神属于天，由是可知谷属于地。"神"从"申"，义主引申；"谷"从"口"，义主吸受。"谷神"二字必指阴阳二性生殖之精与器而言。
② "其致之"三字，当从马叙伦说，为古注误入正文者。

三十九章

将恐发①,神无以灵将恐歇,谷无以盈将恐竭,万物无以生将恐灭,侯王无以贵高将恐蹶。② 故贵以贱为本,高以下为基。③ 是以侯王自谓孤、寡、不穀,此非④以贱为本邪? 非乎? 故致数舆无舆。⑤ 不欲琭琭如玉,珞珞如石。⑥

---

① 刘师培云:"发,读为废。《说文》:废,屋顿也。"
② 侯王句当从刘师培说改为"侯王无以贞将恐蹶"。校订者按:《说文》云:"蹶,僵也。"蹶,跌倒,引申作失败。
③ 故,同"夫"。此别为一章,与上文气不相蒙。严复云:"以贱为本,以下为基,亦民主之说。"
④ 此非,当从河上本作"此其"。
⑤ 舆,当从高延第说据《庄子·至乐》篇作"誉"。成玄英《庄子疏》云:"至誉以无誉为誉。"是"至誉无誉",正与上文"侯王自谓孤、寡、不穀"相承。
⑥ 珞珞,一作落落,喻多也。多,则为人所贱。马其昶云:"人佩玉而弃石,故琭琭落落,显然易别。"校订者按:河上公注以"琭琭喻少,落落喻多。玉少故见贵,石多故见贱"。是也。

四十章

反者道之动,① 弱者道之用。② 天下万物生于有,有生于无。③

---

① 此谓天下之物,必有对待:有生则必有死,有成则必有毁,有高则必有下,有贵则必有贱。反复变动,不可究诘,此道之自然也,故曰"反者道之动"。
② 凡物之有血气者皆有争心。道尚无为,则不争而守其雌,故曰"弱者道之用"。
③ 王弼云:"天下之物,皆以有生,有之所始,以无为本。"严复云:"无,不真无。"

四十一章

上士闻道，勤而行之；中士闻道，若存若亡；下士闻道，大笑之。^①不笑不足以为道。故建言有之：^②明道若昧，进道若退，夷道若纇；^③上德若谷^④，

---

① "道可道，非常道。"道安得而闻乎！无思无虑始知道，无处无服始安道，无从无道（校订者按：指途径、方法）始得道。（此三语见《庄子·知北游》篇。）道安得而勤行乎！而此所以云云者，为世人说法，不得不尔耳，此道之所以不可道。不可道，又不得不道，故强而道之如此也。严复谓："勤而行之者，不独有志也，亦其知之甚真，见之甚明之故。大笑者，见其反也。若存若亡者，知之而未真，见之而未明也。"
② "言"字下当从闵本增"者"字，"之"字下当从纪昀说从一本增"曰"字。王弼云："建，犹立也。"
③ 夷，平也。《左传》服虔注："纇，不平也。"纇与夷正相反。校订者按：纇，lèi,《说文》曰："丝节也。"《玉篇》："丝节不调也。"引申之有崎岖不平义。
④ 谷，下也。与上反。

老子

大白若辱,广德若不足,建德若偷①,质真若渝②;大方无隅,大器晚成③,大音希④声,大象无形,道⑤隐无名。夫唯道,善贷且成。⑥

---

① 偷,同"媮",靡也。媮与建反。
② 渝,变也。与真反。
③ 晚者,免之借。免成,犹无成,与上文之"无隅",下文之"希声""无形"一例。"无隅"与"大方"相反,"希声"与"大音"相反,"无形"与"大象"相反,故知"免成"与"大器"相反也。晚借为免,义通于"无"。犹"莫"本朝暮本字,而训为无也。
④ 希,读如第十四章"听之不闻,名曰希"之"希"。
⑤ 马叙伦云:"道借为大,声之误也。"马说非也,道谓大道,举道包大,故不云大道也,下文接云"夫唯道",正承此"道"字。校订者按:第二十五章有"吾不知其名,字之曰道,强为之名曰大",可证。
⑥ 柱按:《庄子·齐物论》篇云:"其分也成也,其成也毁也,凡物无成与毁,复通为一。"此道之所以善贷且成也。此章诸"若"字亦不可忽。校订者按:贷,《说文》:"施也。"段玉裁《说文解字注》:"谓我施人曰贷也。"故贷有施与、辅助之义。

四十二章

　　道生一，一生二，二生三，^① 三生万物。万物负^②阴而抱阳，冲气以为和。^③ 人之所恶，唯孤、寡、不穀，而王公以为称。故物或损之而益，或益之而损。^④

---

① 前章云"有生于无"，此云"道生一"。然则老子所谓"无"者，道也。此道也，名之为有，则不可见，不可闻；名之为无，则有之所从生。故《庄子·知北游》篇云："予能无有矣，而未能无无也，及为无有矣，何从至此哉。"严复云："道，太极也，降而生一。言一，则二形焉。二者形而对待之理出，故曰生三。"
② 负，《淮南子·精神训》引作"背"。
③ 吴澄云："万物之生以此冲气，既生之后，亦必以冲气为用，乃为不失其本。"
④ "人之所恶"句至此，必为三十九章之错简。"人之所恶"至"王公以为称"，当接"非乎"之下。"故物或损之"二句，当接"无誉"下。详《老学八篇·新定老子章句》。

人之所教，我亦教之。强梁者不得其死，吾将以为教父。①

---

① 马其昶云："周《金人铭》云：'强梁者不得其死。'此古人之所以教人者，吾亦教之，故举其语而赞之曰'吾将以为教父'，言当奉此铭若师保也。"柱按：自"人之所教"下二十一字，与上文意不应，当别为一章。

四十三章

天下之至柔，驰骋天下之至坚。①无有入无间，②吾是以知无为之有益。不言之教，无为之益，天下希及之。③

---

① 严复云："承上章'强梁者不得其死'而反言之。"
② 严复又云："无有入无间，惟以太耳。"校订者按："以太"为经典物理解释电磁传播而引入的概念，它无质量、无体积，充斥整个空间，电磁力通过它得以传播。后来，这种概念被"电磁场"理论否定。"以太"理论在十九世纪末达到极盛，正为严复所处之时代。又谭嗣同《以太说》中认为，以太无所不在，为万物之源。
③ 柱按：此章多是他章错简，说详《老学八篇》。

四十四章

名与身,孰亲?身与货,孰多?得与亡,孰病?是故甚爱必大费,多藏必厚亡。① 知足不辱,知止不殆,可以长久。②

---

① 王弼云:"甚爱不与物通,多藏不与物散,求之者多,攻之者众,为物所病,故大费厚亡也。"
② 严复云:"知足知止,两'知'字大有事在,不然,亦未可以长久也。"

四十五章

大成若缺,其用不弊;大盈若冲,其用不穷。大直若屈,大巧若拙,大辩若讷。躁胜寒,静胜热。清静为天下正。①

---

① 此章诸"若"字,亦当注意。若之云云,则其非真可知:世人皆争于成,而我则若缺以处之;世人皆争于盈,而吾则若冲以用之。则吾之成与他人之成不相妨,而成乃可以不弊矣;吾之盈与他人之盈不相害,而盈乃不穷矣。直、巧与辩,亦若斯而已矣。凡物动则生热,静则生寒,故人当寒时则躁动可以胜寒,人当热时则宁静可以胜热,常于其反而胜之。然则天下之躁热甚矣,我以清静镇之,方可以为天下正也。自"躁胜寒"以下,亦当别为一章。

四十六章

天下有道，却走马以粪；①天下无道，戎马生于郊。祸莫大于不知足；咎莫大于欲得。故知足之足，常足矣。

---

① 毕沅云："'粪'下，张衡《东京赋》有'车'字。"王弼云："天下有道，知足知止，无求于外，各修其内而已，故却走马以治田粪也。"

四十七章

不出户,知天下;不窥牖,见天道。① 其出弥远,其知弥少。是以圣人不行而知,不见而名,不为而成。②

---

① 王弼谓:"事有宗而物有主,途虽殊而同归也,虑虽百而其致一也。道有大常,理有大致。执古之道,可以御今。虽处于今,可以知古始,故不出户窥牖而可知也。"
② 出弥远知弥少,不可与上文反对看。作反对看,其义浅矣。其知所以弥少者,以为道固日损也。夫道无不在,苟得其术,虽近取诸身,岂有穷哉!而行彻五洲,学穷千古,亦将但见其会通,而统于一而已矣。是以不行可知也,不见可名也,不为可成也,此得道者之受用也。

四十八章

为学日益,为道日损。[①]损之又损,以至于无为。无为而无不为。取天下常以无事,及其有事,不足以取天下。

[①] 李嘉谋云:"为学所以求知,故日益;为道所以去妄,故日损。知不极则损不全,故日益者所以为日损也。"严复云:"日益者,内籀之事也;日损者,外籀之事也。其日益也,所以为其日损也。"校订者按:"内籀""外籀"分别为归纳推理和演绎推理之旧译。

四十九章

圣人无常心,以百姓心为心。① 善者吾善之,不善者吾亦善之,德善;信者吾信之,不信者吾亦信之,德信。② 圣人在天下,歙歙为天下浑其心,③ 圣人皆孩之。④

---

① "圣人"句当从景龙本、敦煌本,去"常"字为更善。此老子提倡民主之学说也。
② 民主之治,取决多数,故众之所善。其善者吾固善之,其不善者吾亦善之而已。信与不信亦如是观。
③ 歙歙句,马叙伦云:"《老子》本文当作歙歙焉浑浑焉。"
④ 句上当从《释文》本增"百姓皆注其耳目"句。此谓圣人之在天下,歙歙焉浑浑焉,无所用心,而于百姓耳目之所注,则如慈母之于婴孩焉,固无所不至也。

五十章

出生入死。生之徒十有三；死之徒十有三；人之生，动之死地亦十有三。^① 夫何故？以其生生之厚。^② 盖闻善摄生者，陆行不遇兕虎，入军不被甲

---

① 韩非子云：人之身三百六十节，四肢九窍，其大具也。此十三具者之动静尽属于生，属之谓"徒"也，故曰"生之徒十有三"。至其死也，此十三具者，皆还而属之死，故曰"死之徒十有三"。凡人之生，此十三具者必动，动极则损，损而不止，则生尽，生尽之谓死，故曰：民之生，生而动，动皆之死地，亦十有三。（本《韩非子》原文而有删改。）

② 夫由生而至于死者何也？以既已为生，则不能无生生之物。譬如食焉，所以使人之生而动也。而动极则损，损极则生尽而归于死。则生生者乃所以为死，此人之所不能免者也。然则其生生之愈厚者，其动也愈甚，而损也亦愈速，故曰"以其生生之厚"。

五十章

兵。兕无所投其角,虎无所措其爪,兵无所容其刃,夫何故?以其无死地。①

---

① 《庄子·人间世》篇云:"时其饥饱,达其怒心,虎之与人异类,而媚养己者顺也,故其杀者逆也。"夫去其生生之厚,则于物无夺,而能去其所厚者以养物,是顺物之性,而不逆者也。孰从而害之?夫生生之厚,死地也,无生之厚,故无死地。

五十一章

道生之，德畜之，物形之，势成之。① 是以万物莫不尊道而贵德。道之尊，德之贵，夫莫之命而常自然。故道生之，德畜之，长之育之，亭之毒之，② 养之覆之。生而不有，为而不恃，长而不宰，是谓元德。

---

① 道者，由也。万物由是而生者也，故曰"道生之"。德者，得也。万物得是而后有生者也，故曰"德畜之"。由是赋形而为物，而此形之所以成，又由乎天地动静之力，故曰"势成之"也。势者，力也。
② 《说文》："亭，民所安定也。"引申有安定义。《广雅·释诂》："毒，安也。"

五十二章

天下有始，以为天下母。既得其母，以知其子；既知其子，复守其母。[①]没身不殆。塞其兑，闭其门，终身不勤。开其兑，济其事，终身不救。[②]

[①] 苏辙云："无名天地之始，有名万物之母。道方无名，则物之所资始也；及其有名，则物之所资生也，故谓之始，又谓之母，其子则万物也。圣人体道以周物，譬如以母知其子，了然无不察也。虽其智能周之，然而未尝以物忘道，故终守其母也。"柱按：母者一，而为子者众，得母知子，举一反三之术也。知子守母，御繁以简之道也。

[②] 高延第云："兑，口也。口为言所从出，门为人所由行。塞之闭之，不贵多言，不为异行，循其自然，不劳而理，即复守其母之事也。尚口者穷，多为者败，徒长诈伪，无益于事，故不救。"柱按：此亦当别为一章，与上文义不相应。

老子

见小曰明,守柔曰强。用其光,复归其明,无遗身殃,^① 是谓习常^②。

---

① 见小则重分析,而见事理也明。守柔则不夸大,而能自强也久。用其光则知白,故虽涅而不至淄。归其明则守黑,故虽洁而不立异。如是则不至于为善近名,为恶近刑矣。
② 习,一本作"袭"。马叙伦云:"袭、习古通。"高延第云:"袭,因也。"常,常道。

五十三章

使我介然有知，行于大道，唯施是畏。① 大道甚夷，而民好径。朝甚除，田甚芜，仓甚虚；服文彩，带利剑，厌饮食，财货有余：是谓盗夸②，非道也哉？③

---

① 此谓使吾人介然有知，行于大道，固似甚善也，而无如其易趋于施何施者，邪也。盖大道可行而不可使之介然有知，介然有知，则争端起矣。
② 严复云："今之所谓文明，自老子观之，其不为盗夸者亦少矣。"柱按：盗夸当从《韩非子》改作"盗竽"。竽先则钟瑟皆随，大奸唱则小盗和（二句本《韩非子·解老》篇）。富者愈有余、愈豪奢，则贫者欲得之、夺之之心亦弥甚，故曰盗竽。
③ 句中"也"字一本无。柱按：有者是也，"也"字即"施"之假字，或"施"之坏体，即上"行于大道，唯施是畏"之施。非道也哉，谓盗竽即盗之施者也。

五十四章

善建者不拔,善抱者不脱,^①子孙以祭祀不辍。修之于身,其德乃真;修之于家,其德乃余;修之于乡,其德乃长;修之于国^②,其德乃丰;修之于天下,其德乃普。^③故以身观身,以家观家,以乡观乡,以国观国,以天下观天下。吾何以知天下然哉?以此。^④

---

① 《韩非子》云:"一建其趋舍,虽见所好之物不能引,不能引之谓'不拔';一于其情,虽有可欲之类神不为动,神不为动之谓'不脱'。"
② "国"字当从苏时学说作"邦",与下"丰"字为韵。校订者按:今本沿汉避高祖刘邦讳,"邦"多作"国"。
③ 此即孔子之忠恕,孟子善推所为之义:以我身观人身,而他人之情得;以我家观他家,而他家之情亦得。由是乡、国、天下,莫不可通,墨子兼爱非攻之义,最与此同。
④ 自"修之于身"以下,与上文义不相应,当别为一章。

五十五章

含德之厚，比于赤子。蜂虿虺蛇不螫，①猛兽不据，攫鸟不搏。骨弱筋柔而握固。未知牝牡之合而全②作，精之至也；终日号而不嗄，和之至也。知和曰常，知常曰明，益生曰祥，③心使气曰强。物壮则老，谓之不道，不道早已。

---

① 蜂虿虺蛇不螫，当从宋河上本、闵本作"毒虫不螫"。赤子无求无欲，不犯众物，故毒虫之物无犯之。人也含德之厚者，不犯于物，故无物以损其全也。校订者按：此句正如俞樾所谓，河上本作"毒虫不螫"，注云"蜂虿虺蛇不螫"，是此六字乃河上公注也。后人以河上注羼入之。
② 全，本作"㕣"，赤子阴也。校订者按：㕣，zuī，同"朘"。《说文》："朘，赤子阴也。从肉夋声。或从血。"
③ 祥，为"殃"之假借，墨子书"降之百殃"。毕沅以为"祥"之异文，非是。殃，殃也。生不可益，益之则殃，故庄子云："常因其自然而不益生。"

五十六章

知者不言,言者不知。① 塞其兑,闭其门;② 挫其锐,解其分;和其光,同其尘。是谓玄同。③ 故不可得而亲,不可得而疏;不可得而利,不可得而害;不可得而贵,不可得而贱。故为天下贵。

---

① 知者二句,当从马叙伦说,定为八十一章错简。
② 塞其兑二句,亦当从马说,定为五十章错简。
③ 光、尘义相反,知锐、分义亦相反。分,物之大而可分者也。《说文》:"坋,粗(繁体作麤)也。"坋从分声,是分有大义之证。锐小者挫之,则无所特高;粗大者解之,则无所特大。和其光,则无所特显;同其尘,则无所特贱。是所谓玄同也。校订者按:此注过于迂曲。分,通"纷",为纷杂、纷乱之义。陈注将《说文》"坋,尘(壥)也"误作"粗(麤)也"。

五十七章

　　以正治国，以奇用兵，以无事取天下。吾何以知其然哉？以此①：天下多忌讳，而民弥贫；民多利器，国家滋昏；人多伎巧，奇物滋起；法令滋彰，盗贼多有。② 故圣人云：我无为而民自化，我好静而民自正，我无事而民自富，我无欲而民自朴。③

---

① 高延第谓"此"字指下八句。
② 此四者，专制政体之真相也。
③ 惟其如此，故唯民主共和足以治之，此老子主张共和之说也。

五十八章

其政闷闷,其民淳淳;其政察察,其民缺缺。①祸兮福之所倚,福兮祸之所伏,孰知其极?其无正,②正复为奇,善复为妖。人之迷,其日固久。③是以圣人方而不割,廉而不刿,直而不肆,光而不耀。④

---

① 王弼云:"言善治政者,无形无名无事无政可举,闷闷然卒至于大治,故曰'其政闷闷'也。其民无所争竞,宽大淳淳,故曰'其民淳淳'也。立刑名,明赏罚,以检奸伪,故曰'察察'也。殊类分析,民怀争竞,故曰'其民缺缺'。"
② "其无正"三字衍文。详见《老学八篇》。
③ 祸福倚伏,正奇反复。而世人只知福之为福,而不知福之为祸也。故曰"人之迷,其日固久"。
④ 方则有隅,有隅则割。不割与方反,不刿与廉反,不肆与直反,不耀与光反。

五十九章

治人事天，莫若啬。① 夫唯啬，是谓早服；② 早服谓之重积德；③ 重积德则无不克；④ 无不克则莫知其极；⑤ 莫知其极可以有国；有国之母，⑥ 可以长久。是谓深根固柢，长生久视之道。

---

① 《韩非子》云："啬之者爱其精神，啬其知识也。众之人用神也躁，躁则多费，多费之谓侈。圣人之用神也静，静则少费，少费之谓啬。"
② 《韩非子》云："众人离（离，古通'罹'）于患，陷于祸，犹未知退，而不服道理。圣人虽未见祸患之形，虚无服从于道理，以称蚤服（蚤，通'早'）。"
③ 《韩非子》云："知治人者，其思虑静；知事天者，其孔窍虚。思虑静，故德不去；孔窍虚，则和气日入，故曰'重积德'。"
④ 《韩非子》云："积德而后神静，神静而后和多，和多而后计得，计得而后能御万物，……故曰'无不克'。"
⑤ 《韩非子》云："其术远，则众人莫见其端末。莫见其端末，是以'莫知其极'。"
⑥ 《韩非子》云："母者，道也。道也者，生于所以有国之术，所以有国之术，故谓之为'有国之母'。"

六十章

治大国若烹小鲜。① 以道莅天下，其鬼不神；非其鬼不神，其神不伤人；非其神不伤人，圣人亦不伤人。② 夫两不相伤，故德交归焉。③

---

① 治大国若烹小鲜，王弼云："不扰也，躁则多害，静则全真，故其国弥大而其主弥静，然后乃能广得众心也。"
② 此谓以道莅天下，则一切之神权宗教，昔日以为可以祸福民而借之以愚民者，均失其用也。不特神权宗教失其用，即圣人之刑赏，昔日视为可以生死人而借以威民者，亦失其作用也。故曰"神不伤人，圣人亦不伤人"。非其神不伤人句，当从陶鸿庆说，去"非其"二字。王弼释之云："犹云不知神之为神，亦不知圣人之为圣也。夫恃威纲以使物者，治之衰也；使不知神圣之为神圣，道之极也。"此说深得老子之旨，盖专制之国用威权，而民主则否，一以平等为归，何威权之有？
③ 自"以道莅天下"至末，当别为一章。

六十一章

大国者下流,天下之交,天下之牝。牝常以静胜牡,以静为下。故大国以下小国,则取小国;小国以下大国,则取大国。故或下以取,或下而取。大国不过欲兼畜人,小国不过欲入事人。夫两者各得其所欲,大者宜为下。①

---

① 柱按:此章文义浅陋,不似老子文,疑是战国权谋家所增。

六十二章

　　道者,万物之奥,善人之宝,不善人之所保。①美言可以市尊,行可以加人。②人之不善,何弃之有? 故立天子,置三公,虽有拱璧,以先驷马,不如坐进此道。古之所以贵此道者何? 不曰以求得,有罪以免耶?③故为天下贵。④

---

① 李哲明云:"善人自与道亲,固宝夫道;不善人虽与道远,而恃之而生,亦保于道。"
② 俞樾云:"《淮南子·道应篇》《人间篇》引此文并作'美言可以市尊,美行可以加人'。是今本脱下'美'字。"柱按:此二句当别为一章。
③ 自"故立天子"句至"免耶",文义浅陋,不似老子文。
④ 此句当次"不善人之所保"下。

六十三章

　　为无为，事无事，①味无味。大小多少，②报怨以德。③图难于其易，为大于其细。天下难事必作于易，天下大事必作于细。是以圣人终不为大，故能成其大。夫轻诺必寡信，多易必多难。是以圣人犹难之，故终无难矣。

---

① 此云"为无为，事无事"，则谓为于无为之中，事于无事之处甚明，岂如后人之所谓无为乎！
② 大小多少四字，疑当作"为多于少"。其"大小"二字，则下文"为大于其细"之讹挩。
③ 报怨以德句，当从马叙伦说在七十九章"和大怨"上。

六十四章

其安易持,其未兆易谋;其脆易泮,其微易散。① 为之于未有,治之于未乱。合抱之木,生于毫末;九层之台,起于累土;千里之行,始于足下。② 为者败之,执者失之。是以圣人无为故无败,无执故无失。民之从事,常于几成而败之。慎终如始,

---

① 王弼云:"此四者皆说慎终也。不可以无之,故而不持;不可以微之,故而弗散也。无而弗持则生有焉,微而不散则生大焉。故虑终之患如始之祸,则无败事。"
② 严复云:"熊季廉曰:'万物生遂成长,皆有一定之秩序,莫知其然而然。'庄子曰:'作始也简,将毕也钜。'足与此章相发明,皆物理历史之公例也。"

六十四章

则无败事。是以圣人欲不欲,不贵难得之货;① 学不学,② 复众人之所过,以辅万物之自然,而不敢为。

---

① 王弼云:"好欲虽微,争尚为之兴;难得之货虽细,贪盗为之起也。"
② 学不学,谓学如不学,不以知识阶级矜人也。然则老子亦非真主不学者。

六十五章

古之善为道者，非以明民，将以愚之。民之难治，以其智多。^①故以智治国，国之贼；不以智治国，国之福。知此两者亦稽式^②。常知稽式，是谓元德。元德深矣，远矣，与物反矣，然后乃至大顺。^③

---

① 王弼云："明谓多见巧诈，蔽其朴也；愚谓无知守真，顺自然也。"柱按：知识愈增，则扰攘愈甚，此自然之势也。虽所进有迟速，而为乱有大小，然知识与战争，必为正比例，而为无可幸免之事。老子之去智，亦不过理论上之消极主张，不能强天下以皆从。然苟有不从焉，则不智者与智者相遇，乃如羊之遇虎，必无幸存矣，此学者所宜留意也。
② 稽式，犹楷式。
③ 此老子自言反朴还淳之说，似与世界由质趋文之事相反，其实乃顺乎物性也。

六十六章

江海所以能为百谷王者,以其善下之,故能为百谷王。是以欲上民,必以言下之;欲先民,必以身后之。[①] 是以圣人处上而民不重,处前而民不害。是以天下乐推而不厌。以其不争,故天下莫能与之争。

---

① 马其昶云:"圣人欲崇上人,故以言下之;欲推先人,故以身后之。非谓己欲上人先人也,《金人铭》云:'君子知天下之不可上也,故下之;知众人之不可先也,故后之。'此老子之说所自出。"校订者按:此句"是以"后,王弼本无"圣人",景龙本等均有"圣人"二字。可参。

六十七章

　　天下皆谓我道大，似不肖。夫唯大，故似不肖，若肖，久矣其细也夫！① 我有三宝，持而保之：一曰慈；二曰俭；三曰不敢为天下先。慈故能勇；② 俭故能广；不敢为天下先，故能成器长。今舍慈且勇，舍俭且广，舍后且先，死矣。夫慈以战则胜，以守则固。天将救之，以慈卫之。

---

① "道可道，非常道；名可名，非常名。"可道可名，以其有所肖也。有所肖，故可以言语形容，凡能以言语形容者，皆有所穷者也，乌得为道！是故道也者，无所肖者也，不可以言语形容者也。
② 慈故能勇，则老子之不敢为天下先，非怯也。

六十八章

　　善为士者不武;善战者不怒;善胜敌者不与;善用人者为之下。是谓不争之德,是谓用人之力,是谓配天古①之极。

---

① "古"字当从马其昶、奚侗说移在下章首。

六十九章

用兵有言：①吾不敢为主而为客，②不敢进寸而退尺。③是谓行无行，攘无臂，扔无敌，执无兵。祸莫大于轻敌，轻敌几丧吾宝。④故抗兵相加，哀者胜矣。⑤

---

① 此句上当增"古之"二字。
② 吴澄云："为主，肇兵端以伐人也；为客，不得已而应敌也。"
③ 不敢进寸以先人，而为祸首；常退尺以让人，以弭战祸。
④ 自视若无行列可整，无臂可攘，无敌可就，无兵可执，故不敢轻敌。
⑤ 不得已而用兵，则民必哀愤，故可以胜敌。

七十章

吾言甚易知，甚易行。天下莫能知，莫能行。言有宗，事有君。① 夫唯无知②，是以不我知。知我者希，则③我者贵。是以圣人被褐怀玉。

---

① 言有二句，当在"吾言甚易知"句上。
② "无知"当从陶方琦据王弼注改作"有知"。庄子云："彼其真是也，以其不知也；此其似之也，以其忘之也；予与若终不近也，以其知之也。"此有知是以不知之说也。
③ 则，效法。——校订者注

七十一章

知不知,上;不知知,病。①夫唯病病,是以不病。圣人不病,以其病病,是以不病。

---

① 圣人为无为,事无事,学不学,故知不知也。此所以为上也。夫知尚不知,况不知而可以为知乎!强为知焉,斯病矣。校订者按:病,《庄子·让王》篇:"学而不能行谓之病。"

七十二章

民不畏威,则大威至。① 无狎其所居,无厌其所生。夫唯不厌,是以不厌。② 是以圣人自知不自见,自爱不自贵,故去彼取此。③

---

① 民孰不乐生而畏死？然压制之力愈强,则反抗之力愈猛。此专制政体之下,所以多暴民也。
② 狎,通"陕"。奚侗云:"《说文》:'陕,隘也。'隘有迫义。厌,《说文》:'笮也。'"柱按:夫唯不厌之"厌"字,当从吴澄说改为"狎"。无陕其居,谓无使人地少也；无笮其生,谓无使人食少也。民地少则谋食难,而民易为乱。欲免此者,唯移殖其民,故曰"夫唯不狎,是以不厌"。校订者按:狎,《说文》:"犬可习也。"陕,《说文》:"隘也。"段玉裁《说文解字注》:"(陕)俗作陿、峡、狭。"可见,陕本为"狭窄"义。此处为使动用法。景龙本等均作"狭"。
③ "是以圣人"以下,与上文不相应,当在七十章"则我者贵"之下。

七十三章

勇于敢则杀，勇于不敢则活，此两者或利或害。^①天之所恶，孰知其故？是以圣人犹难之。^②天之道，不争而善胜，不言而善应，不召而自来，繟然而善谋。^③天网恢恢，疏而不失。

---

① 勇于敢则争，争则彼此相残杀；勇于不敢则让，让则彼此相存活。其为勇一也，而所施者异，利害亦殊。
② 此句宜从景龙本、敦煌本去。校订者按：马叙伦曰："'是以'一句，乃六十三章错简复出者，易州无此句，可证也。"景龙本、敦煌本等亦无此句，可参。
③ 此言天演之能事。夫天演人事，交相胜而进步，此世界之所以有今日也。然天人交胜云者，就狭义而言之耳；若就广义而言之，谓天胜人则可，谓人胜天则不可。盖即此几于巧夺天工之人事，亦莫非从天演而来，一切智力，固不能外乎天也。繟，chǎn。繟然，宽也。

七十四章

民不畏死，奈何以死惧之？若使民常畏死，而为奇者吾得执而杀之，孰敢？① 常有司杀者杀。② 夫代司杀者杀，是谓代大匠斫。夫代大匠斫者，希有不伤其手矣。

---

① 世之专制君主，孰不以人之畏死，故以死惧其民邪？然使民常畏死，而为奇者吾既得而杀之，尚孰敢为奇乎？然而天下之为奇者固日出而未已也，则知其不畏死矣。故为治之道，非特威势所能也。
② 熊季廉云："天择，司杀者也。"

七十五章

民之饥,以其上食税之多,是以饥;民之难治,以其上之有为,是以难治;民之轻死,以其求生之厚,是以轻死。① 夫唯无以生为者,是贤于贵生。

---

① 为上者奢侈,则取于民者既多,而民既已贫矣。而上行下效,民之欲望,亦由是而益奢。是以居不可得之势,而怀必得之念,其铤而走险必矣。老子之言,其意岂浅乎!

七十六章

人之生也柔弱，其死也坚强；万物草木之生也柔脆，其死也枯槁。故坚强者，死之徒；柔弱者，生之徒。① 是以兵强则不胜，木强则兵②。强大处下，柔弱处上。

---

① 严复云："老之道，贵因，贵不凝滞，唯柔弱者能之。"
② "兵"字当从俞樾说为"折"字之误。校订者按：奚侗亦曰："'折'以残缺误作'兵'，复以形近误为'共'耳。"

七十七章

天之道,其犹张弓与?高者抑之,下者举之;有余者损之,不足者补之。天之道,损有余而补不足。人之道则不然:损不足以奉有余。孰能有余以奉天下?唯有道者。① 是以圣人为而不恃,功成而不处,其不欲见贤。

---

① 此老子主张一切平等之说也。夫贵者愈贵,则贱者愈贱;富者愈富,则贫者愈贫。而天下之富者必少于贫者,贵者必少于贱者。使不设法自损己之所有余以补他人之不足,而惟日以己所有余者供己奢侈,则上行下效,而贫民之生活益日感困难。

七十八章

　　天下莫柔弱于水，而攻坚强者莫之能胜，以其无以易之。弱之胜强，柔之胜刚，天下莫不知，莫能行。是以圣人云："受国之垢，是谓社稷主；受国不祥，是为天下王。"正言若反。①

---

① 此言处柔居下之旨，老子之恒语也。

七十九章

和大怨，必有余怨，①安可以为善？是以圣人执左契，而不责于人。有德司契，无德司彻。②天道无亲，常与善人。

---

① 句首当从马叙伦说以六十三章"报怨以德"句移上，谓报怨必当以德，若以怨报怨，必成大怨。尔时虽以德和之，其伤不复，已有余怨矣。
② 马其昶云："《礼·曲礼》疏两书一札，同而别之，故有左右，郑注以右契为尊。"柱按：古人尚右，执左契谓常自处卑下，以和合于人也。契，合也；彻，分也。有德者人己合一，故无怨；无德者人我之界太明，故有余怨也。

八十章

小国寡民,使有什伯之器而不用;使民重死而不远徙。虽有舟舆,无所乘之;虽有甲兵,无所陈之;使人复结绳而用之。甘其食,美其服,安其居,乐其俗。邻国相望,鸡犬之声相闻,民至老死不相往来。①

---

① 严复云:"此古小国民主之治也,而非所论于今矣。"

八十一章

信言不美,^①美言不信;善者不辩,辩者不善;知^②者不博,博者不知。圣人不积。既以为人,己愈有;既以与人,己愈多。天之道,利而不害;圣人之道,为而不争。^③

---

① 第五十六章"知者不言,言者不知"二语,应据马叙伦说移至本句之上。
② 知,通"智"。下句同。
③ 自"圣人不积"以下,当在七十七章"唯有道者"之下。

图书在版编目（CIP）数据

老子 / 陈柱注；冯玉校订. —北京：商务印书馆，2018

（学生国学丛书新编 / 王宁主编）

ISBN 978-7-100-15326-3

Ⅰ.①老⋯　Ⅱ.①陈⋯ ②冯⋯　Ⅲ.①道家 ②《道德经》—注释　Ⅳ.① B223.1

中国版本图书馆 CIP 数据核字（2017）第 223711 号

权利保留，侵权必究。

学生国学丛书新编

老　子

陈　柱　注

冯　玉　校订

商 务 印 书 馆 出 版
（北京王府井大街36号　邮政编码100710）
商 务 印 书 馆 发 行
北京市十月印刷有限公司印刷
ISBN 978 - 7 - 100 - 15326 - 3

2018年1月第1版	开本 787×1092　1/32
2018年1月北京第1次印刷	印张 4 3/4

定价：20.00元